날 짜	평균 타수	정확도(%)	선생님 확인
월 일			
월 일			
월 일			
월 일			
월 일			
월 일			
월 일			
월 일			
월 일			
월 일			
월 일			
월 일			
월 일			
월 일			
월 일			
월 일			
월 일			
월 일			
월 일			
월 일			

교재 자료 다운로드 방법

1 렉스미디어 홈페이지(http://www.rexmedia.net)에 접속한 후 **[자료실]-[대용량 자료실]**을 클릭합니다.

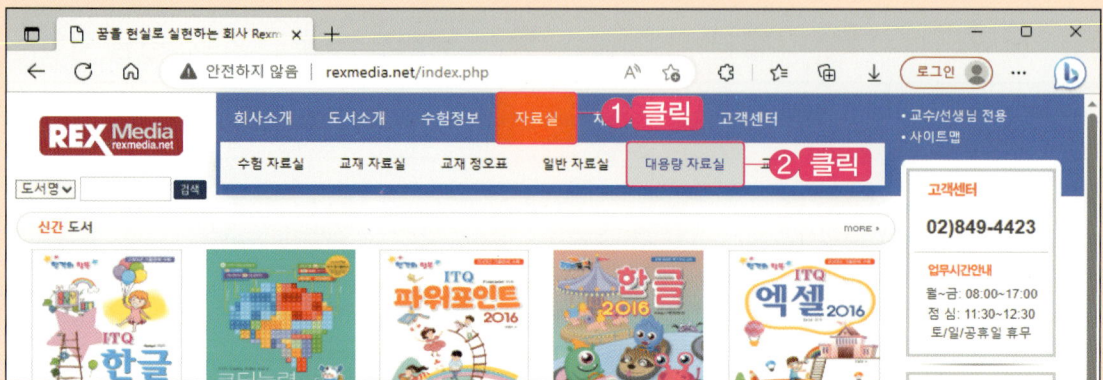

2 렉스미디어 자료실 페이지가 표시되면 **[깨비뚝딱]** 폴더를 클릭합니다.

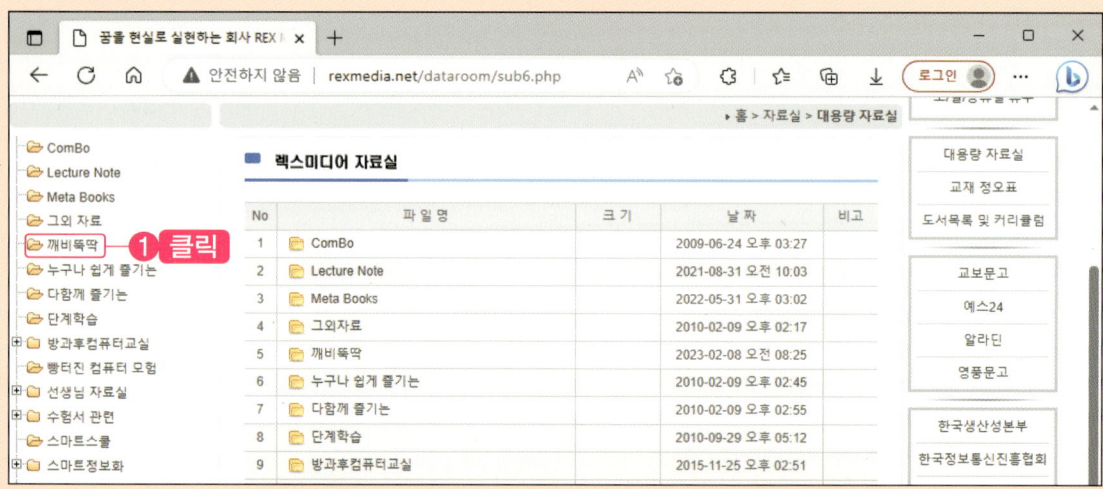

3 깨비뚝딱 관련 페이지가 표시되면 **[(깨비뚝딱) 한쇼NEO(2016).zip]** 파일을 클릭합니다.

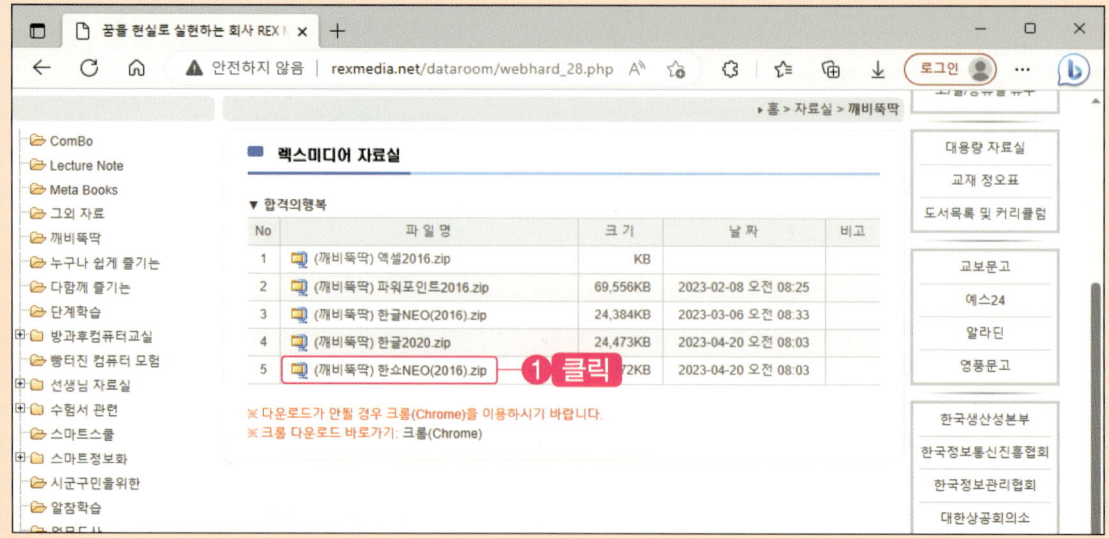

교재 자료 다운로드 방법

4 파일 다운로드가 완료되면 **[폴더에 표시]**를 클릭합니다.

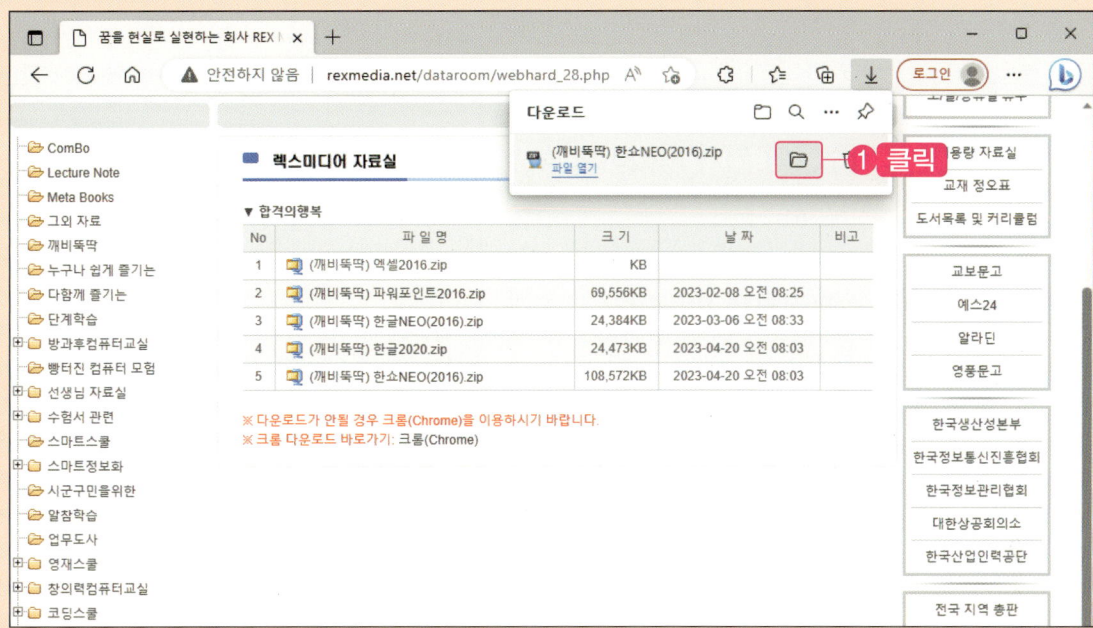

5 파일 탐색기가 실행되면 파일을 압축 해제한 후 [(깨비뚝딱) 한쇼NEO(2016)] 자료를 확인합니다.

이 책의 차례

Lesson 01 무지개가 떴어요. ·············· 6
- 한쇼 실행하고 레이아웃 변경하기
- 슬라이드 추가하고 배경 속성 지정하기
- 슬라이드 쇼 시작하기

Lesson 02 키보드의 키가 빠졌어요. ·············· 14
- 키보드의 주요 키 알아보기
- 키보드에 키 이미지 배치하기

Lesson 03 내 캐릭터를 만들어요. ·············· 20
- 내 캐릭터 만들기
- 내 캐릭터 그룹화하기
- 내 캐릭터 그림 파일로 저장하기

Lesson 04 자기를 소개해요. ·············· 26
- 테마 지정하기
- 자기 소개글 입력하고 글자 모양 지정하기

Lesson 05 내 캐릭터 이름표를 만들어요. ·············· 32
- 내 캐릭터 이름표 만들기
- 내 캐릭터 이름표 그룹화하고 복사하여 배치하기

Lesson 06 도형의 겹치는 순서를 다시 정해요. ·············· 38
- 도형의 겹치는 순서 다시 정하기
- 도형 회전하기

Lesson 07 꽃을 만들어요. ·············· 42
- 큰 꽃잎 만들기
- 작은 꽃잎과 꽃술 만들기
- 꽃 그룹화하고 복사하여 배치하기

Lesson 08 토끼와 양을 만들어요. ·············· 48
- 토끼 만들기
- 양 만들고 배경 속성 지정하기

Lesson 09 딸기와 오렌지를 만들어요. ·············· 58
- 딸기 만들기
- 오렌지 만들기

Lesson 10 무당벌레와 달팽이를 만들어요 ·············· 66
- 무당벌레 만들기
- 달팽이 만들기

Lesson 11 아이스크림을 만들어요. ·············· 72
- 색조 지정하기
- 밝기와 대비 지정하기

이 책의 차례

Lesson 12 김밥을 만들어요. ······ 78
- 나무도마 접시 만들기
- 김밥 만들기
- 단무지 만들고 배경 속성 지정하기

Lesson 13 개구리를 만들어요. ······ 86
- 기본 도형으로 지정하기
- 개구리 만들기

Lesson 14 푸딩과 액자를 만들어요. ······ 92
- 푸딩 만들기
- 액자 만들기
- 식탁 만들고 배경 속성 지정하기

Lesson 15 축하 카드와 감사 카드를 만들어요. ······ 98
- 워드숍 삽입하기
- 글자 효과 지정하기

Lesson 16 반갑게 인사해요. ······ 104
- 슬라이드 복제하고 인사말 입력하기
- 화면 전환 효과 지정하기

Lesson 17 물고기가 사이좋게 다녀요. ······ 112
- 투명한 색 지정하기
- 물고기에 애니메이션 지정하기

Lesson 18 기차가 칙칙폭폭 달려요. ······ 120
- 기차 만들고 애니메이션 지정하기
- 애니메이션 추가하기

Lesson 19 피에로가 공을 돌려요. ······ 128
- 피에로와 공에 애니메이션 지정하기
- 프레젠테이션 동영상 만들기
- 애니메이션 효과주기

Lesson 20 배운것을 정리해요! ······ 136

Lesson 21 종합정리 1 효도쿠폰을 만들어요. ······ 138

Lesson 22 종합정리 2 상품을 진열대에 진열해요. ······ 140

Lesson 23 종합정리 3 애니메이션을 지정해요. ······ 142

Lesson 24 종합정리 4 프레젠테이션 동영상을 만들어요. ······ 144

Lesson 01

배울 수 있어요!
- 한쇼를 실행하고 레이아웃을 변경할 수 있어요.
- 슬라이드를 추가하고 배경 속성을 지정할 수 있어요.
- 슬라이드 쇼를 시작할 수 있어요.

무지개가 떴어요.

자기 생각을 다른 사람에게 전달하는 것을 '프레젠테이션'이라고 하는데요. 한쇼는 프레젠테이션을 만들 수 있는 프로그램이랍니다. 그럼, 이번 시간에는 한쇼를 실행하고 레이아웃을 변경하는 방법, 슬라이드를 추가하고 배경 속성을 지정하는 방법, 슬라이드 쇼를 시작하는 방법에 대해 알아볼게요.

예제 파일 : 1차시\8번 슬라이드 배경.png   완성 파일 : 1차시\무지개_완성.show

1 한쇼 실행하고 레이아웃 변경하기

01 한쇼를 실행하기 위해 [시작(⊞)] 단추를 클릭한 후 앱 뷰에서 [한쇼]를 클릭해요.

02 [새 프레젠테이션] 대화상자가 나타나면 [새 프레젠테이션 만들기]를 선택한 후 [한컴오피스]를 클릭한 다음 [확인] 단추를 클릭해요.

03 새 프레젠테이션이 만들어지면 레이아웃을 변경하기 위해 [편집] 탭에서 [레이아웃]을 클릭한 후 [빈 화면]을 클릭해요.

> 슬라이드(프레젠테이션에서 하나의 화면)에서 개체(글상자나 그림 등)가 배치되는 모양을 '레이아웃'이라고 해요.

04 레이아웃이 변경돼요.

Lesson 01 • 무지개가 떴어요. 7

2 슬라이드 추가하고 배경 속성 지정하기

01 슬라이드를 추가하기 위해 〔편집〕 탭에서 〔새 슬라이드〕를 클릭해요.

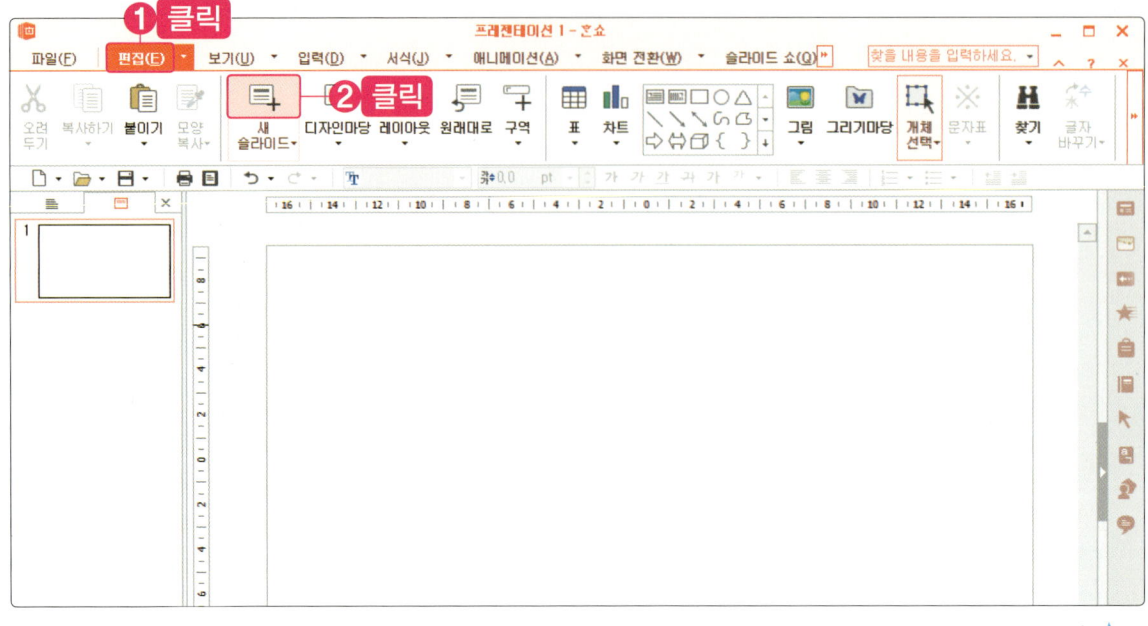

슬라이드 추가하고 삭제하기
〔편집〕 탭에서 〔새 슬라이드〕를 클릭하거나 다음과 같이 〔슬라이드〕 탭에서 슬라이드를 선택한 후 Enter 키를 누르면 슬라이드를 추가할 수 있고, Delete 키를 누르면 슬라이드를 삭제할 수 있어요.

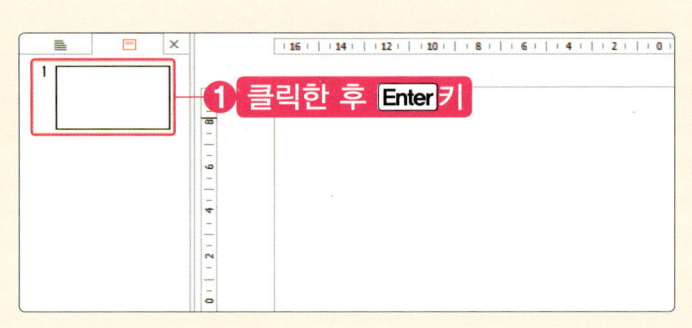

02 같은 방법으로 다음과 같이 슬라이드를 6장 더 추가해요.

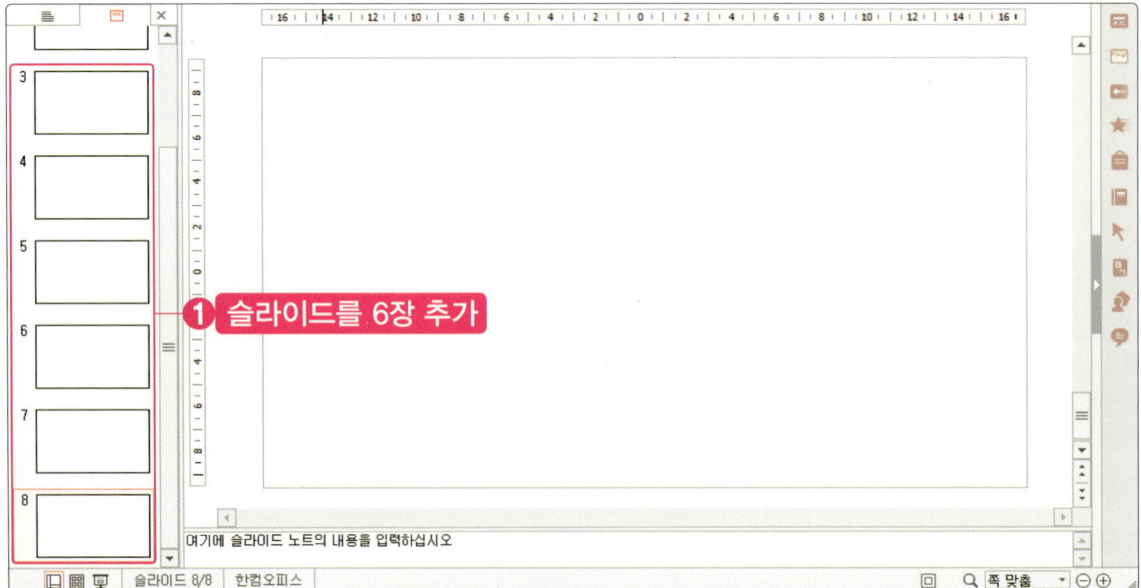

03 1번 슬라이드에 배경 속성을 지정하기 위해 〔슬라이드〕 탭에서 1번 슬라이드를 선택한 후 슬라이드의 바로 가기 메뉴에서 〔배경 속성〕을 클릭해요.

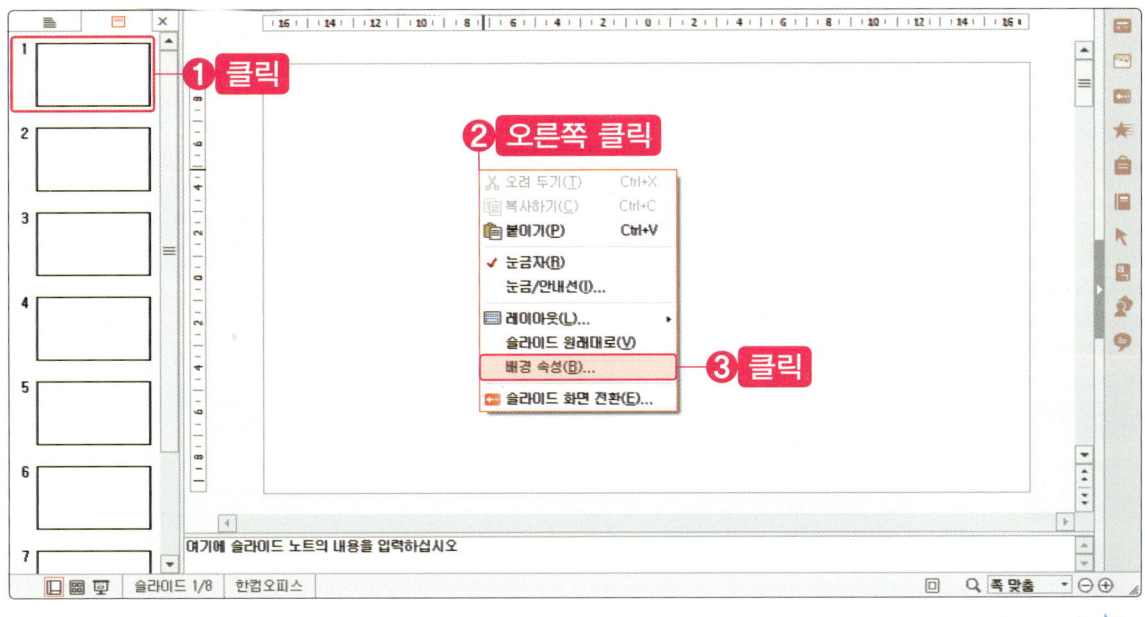

배경 속성은 슬라이드를 단색이나 질감/그림 등으로 채우거나 그림 효과를 지정하여 꾸미는 기능이에요.

04 〔배경 속성〕 대화상자가 나타나면 〔채우기〕 탭에서 종류(단색)를 선택한 후 색(빨강)을 선택한 다음 〔적용〕 단추를 클릭해요.

〔모두 적용〕 단추를 클릭하면 모든 슬라이드에 배경 속성이 지정되고, 〔적용〕 단추를 클릭하면 현재 슬라이드에만 배경 속성이 지정돼요.

05 같은 방법으로 다음과 같이 배경 속성을 지정해요.

- 2번 슬라이드 : 채우기 종류(단색), 색(주황)
- 3번 슬라이드 : 채우기 종류(단색), 색(노랑)
- 4번 슬라이드 : 채우기 종류(단색), 색(초록)
- 5번 슬라이드 : 채우기 종류(단색), 색(파랑)
- 6번 슬라이드 : 채우기 종류(단색), 색(남색)
- 7번 슬라이드 : 채우기 종류(단색), 색(보라)

〔배경 속성〕 대화상자의 〔채우기〕 탭에서 종류(없음)를 선택하면 배경 속성을 제거할 수 있어요.

06 8번 슬라이드에 배경 속성을 지정하기 위해 〔슬라이드〕 탭에서 8번 슬라이드를 선택한 후 슬라이드의 바로 가기 메뉴에서 〔배경 속성〕을 클릭해요.

07 〔배경 속성〕 대화상자가 나타나면 〔채우기〕 탭에서 종류(질감/그림)를 선택한 후 〔그림〕을 클릭해요.

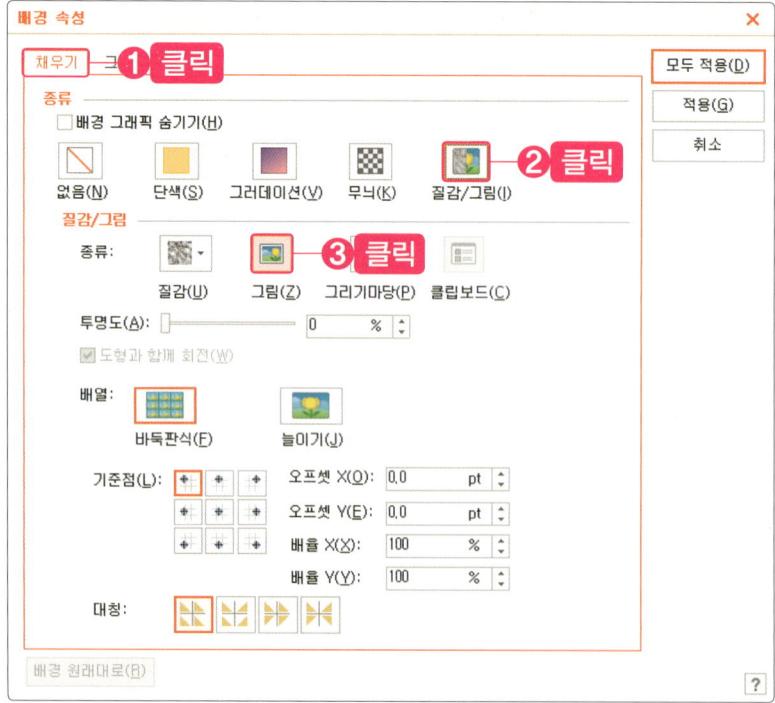

08 〔그림 넣기〕 대화상자가 나타나면 찾는 위치(C:\깨비뚝딱\한쇼NEO(2016)\1차시)를 선택한 후 그림(8번 슬라이드 배경.png)을 선택한 다음 〔넣기〕 단추를 클릭해요.

09 〔배경 속성〕 대화상자의 〔채우기〕 탭이 다시 나타나면 〔적용〕 단추를 클릭해요.

10 배경 속성이 지정돼요.

프레젠테이션 저장하기

다음과 같이 〔파일〕 탭에서 〔저장하기〕를 클릭하면 〔다른 이름으로 저장하기〕 대화상자가 나타나는데요. 〔다른 이름으로 저장하기〕 대화상자에서 저장 위치를 선택한 후 파일 이름을 입력한 다음 〔저장〕 단추를 클릭하면 프레젠테이션을 저장할 수 있어요.

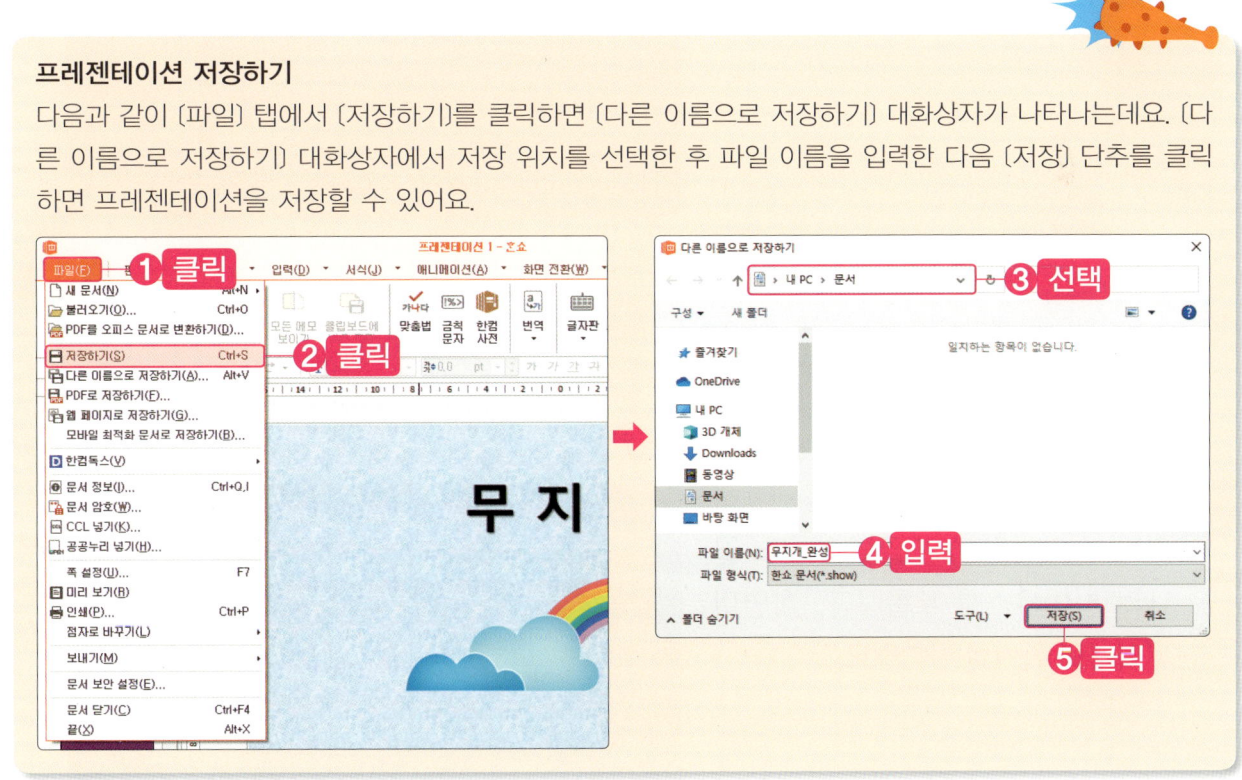

3 슬라이드 쇼 시작하기

01 슬라이드 쇼를 시작하기 위해 〔슬라이드 쇼〕 탭에서 〔처음부터〕를 클릭해요.

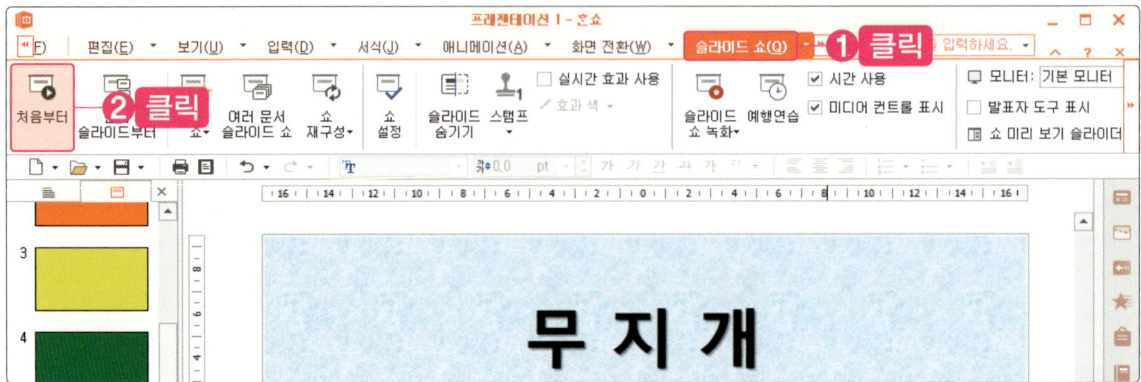

〔슬라이드 쇼〕 탭에서 〔처음부터〕를 클릭하거나 F5 키를 누르면 1번 슬라이드부터 슬라이드 쇼를 시작하고, 〔슬라이드〕 탭에서 2번 슬라이드를 선택한 후 〔슬라이드 쇼〕 탭에서 〔현재 슬라이드부터〕를 클릭하거나 Shift 키+F5 키를 누르면 2번 슬라이드부터 슬라이드 쇼를 시작해요.

02 1번 슬라이드가 전체 화면으로 나타나면 다음 슬라이드로 이동하기 위해 슬라이드를 클릭해요.

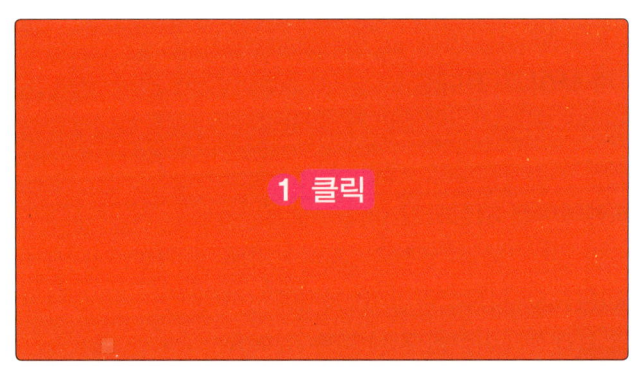

슬라이드를 클릭하거나 Enter 키, SpaceBar 키, PageDown 키를 누르면 다음 슬라이드로 이동하고, BackSpace 키나 PageUp 키를 누르면 이전 슬라이드로 이동해요.

03 같은 방법으로 슬라이드 쇼를 진행하다가 '슬라이드 쇼가 끝났습니다. 끝내려면 마우스를 누릅니다.' 화면이 나타나면 화면을 클릭해요.

04 슬라이드 쇼가 끝나요.

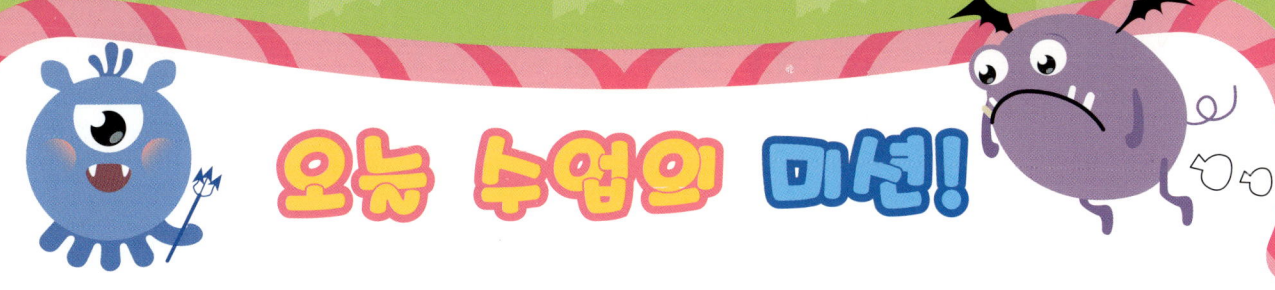

1 다음과 같이 새 프레젠테이션을 만든 후 레이아웃(빈 화면)을 변경한 다음 슬라이드를 추가하고 배경 속성을 지정해 보세요.

- 예제 파일 : '1차시' 폴더에 있는 그림
- 완성 파일 : 1차시\새와 구름_완성.show
- 슬라이드(빈 화면)를 4장 추가한 후 배경 속성을 지정
  - 1번 슬라이드 : 채우기 종류(질감/그림), 그림(찾는 위치(C:\깨비뚝딱\한쇼NEO(2016)\1차시), 그림(슬라이드 배경1.png))
  - 2번 슬라이드 : 채우기 종류(질감/그림), 그림(찾는 위치(C:\깨비뚝딱\한쇼NEO(2016)\1차시), 그림(슬라이드 배경2.png))
  - 3번 슬라이드 : 채우기 종류(질감/그림), 그림(찾는 위치(C:\깨비뚝딱\한쇼NEO(2016)\1차시), 그림(슬라이드 배경3.png))
  - 4번 슬라이드 : 채우기 종류(질감/그림), 그림(찾는 위치(C:\깨비뚝딱\한쇼NEO(2016)\1차시), 그림(슬라이드 배경4.png))
  - 5번 슬라이드 : 채우기 종류(질감/그림), 그림(찾는 위치(C:\깨비뚝딱\한쇼NEO(2016)\1차시), 그림(슬라이드 배경5.png))

- (파일) 탭에서 (새 문서)를 클릭하면 새 프레젠테이션을 만들 수 있어요.
- 위 화면은 (보기) 탭에서 (여러 슬라이드)를 클릭하여 프레젠테이션 보기를 여러 슬라이드 보기로 전환한 화면이에요.

2 다음과 같이 1번 슬라이드부터 슬라이드 쇼를 시작해 보세요.

Lesson 01 • 무지개가 떴어요. **13**

Lesson 02

배울 수 있어요!
◆ 키보드의 주요 키를 알 수 있어요.
◆ 키보드에 키 이미지를 배치할 수 있어요.

키보드의 키가 빠졌어요.

단축키는 어떤 기능을 실행하도록 지정한 키보드의 키를 말하는데요. 단축키를 사용하면 프레젠테이션을 빠르고 정확하게 만들 수 있답니다. 그럼, 이번 시간에는 키보드의 주요 키를 알아보고 키보드에 키 이미지(그림이나 사진 등)를 배치하는 방법에 대해 알아볼게요.

⚙ **예제 파일** : 2차시\키보드의 주요 키.show   ⚙ **완성 파일** : 2차시\키보드의 주요 키_완성.show

키보드의 주요 키 알아보기

01 '키보드의 주요 키.show' 파일을 연 후 도형을 삽입하기 위해 [입력] 탭에서 [도형]의 [자세히(▼)] 단추를 클릭해요. 그런 다음 도형 목록이 나타나면 [모서리가 둥근 직사각형(☐)]을 클릭해요.

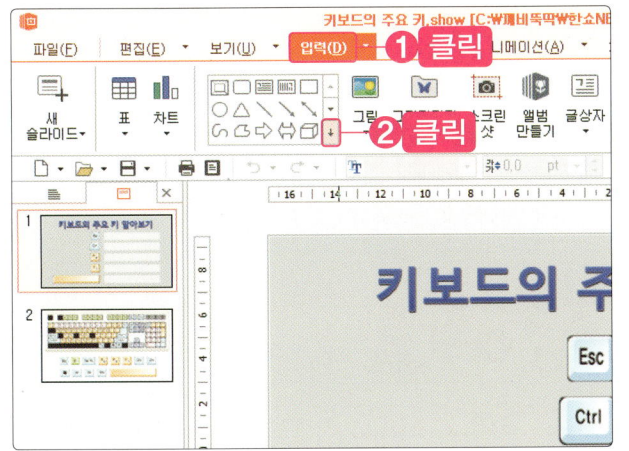
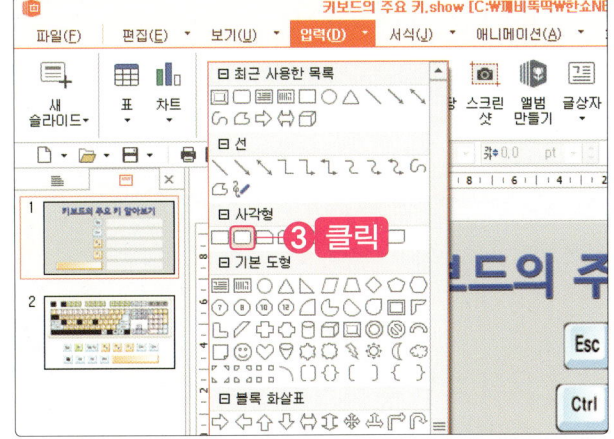

프레젠테이션 열기
다음과 같이 [파일] 탭에서 [불러오기]를 클릭하면 [불러오기] 대화상자가 나타나는데요. [불러오기] 대화상자에서 열기 위치를 선택한 후 파일을 선택한 다음 [열기] 단추를 클릭하면 프레젠테이션을 열 수 있어요.

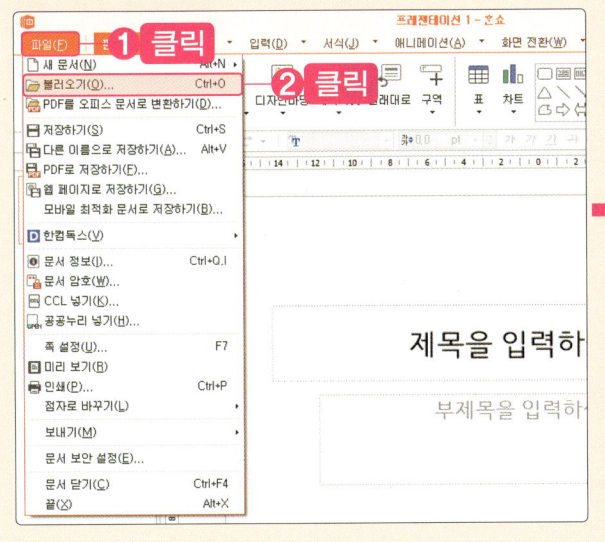
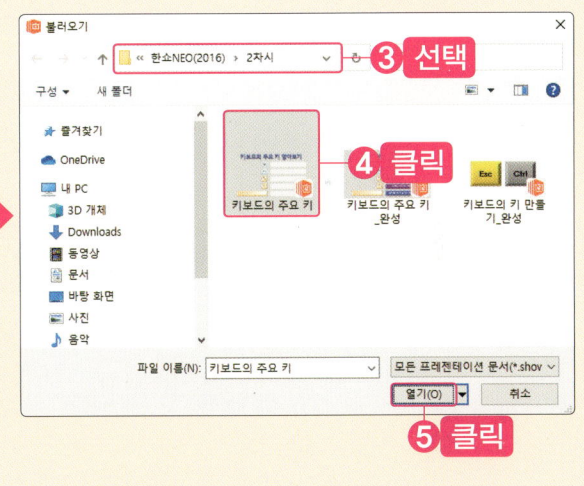

02 마우스 포인터가 ✚ 모양으로 변경되면 다음과 같이 드래그하여 도형을 삽입해요.

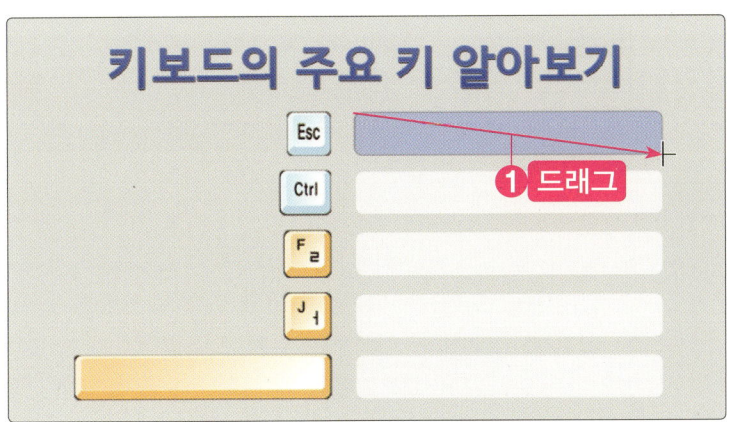

03 도형 스타일을 지정하기 위해 〔도형( )〕 정황 탭에서 〔도형 스타일〕의 〔자세히( )〕 단추를 클릭해요.

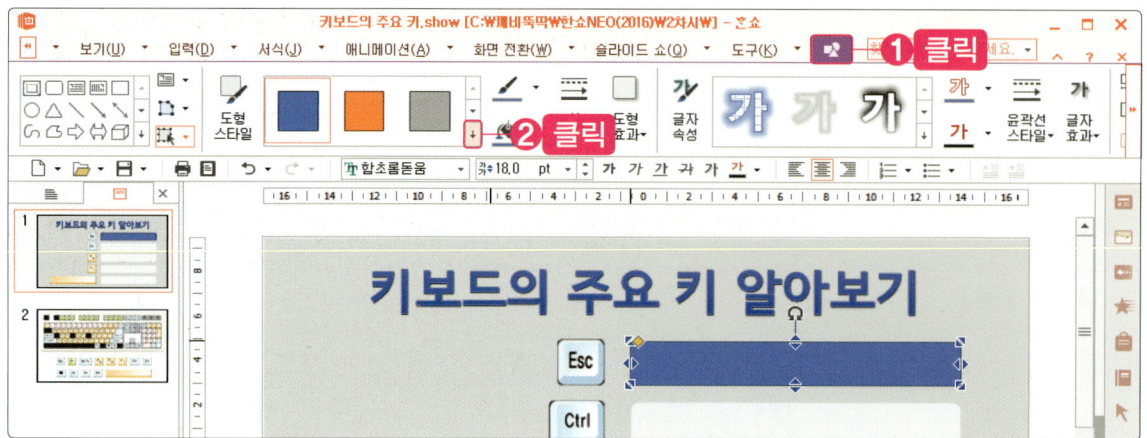

04 도형 스타일 목록이 나타나면 〔보통 효과 - 강조 2( )〕를 클릭해요.

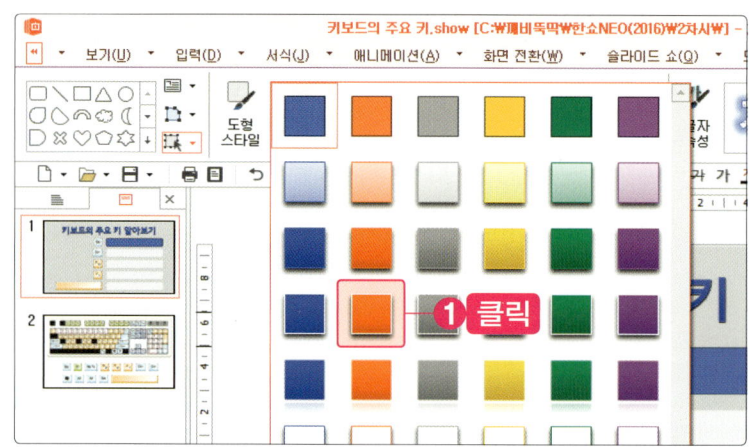

05 도형 텍스트(명령을 취소할 때 사용하는 키)를 입력한 후 도형 텍스트에 글자 모양을 지정하기 위해 도형 텍스트를 드래그하여 선택한 다음 〔서식〕 탭에서 글꼴(휴먼옛체)과 글자 크기(24)를 선택해요.

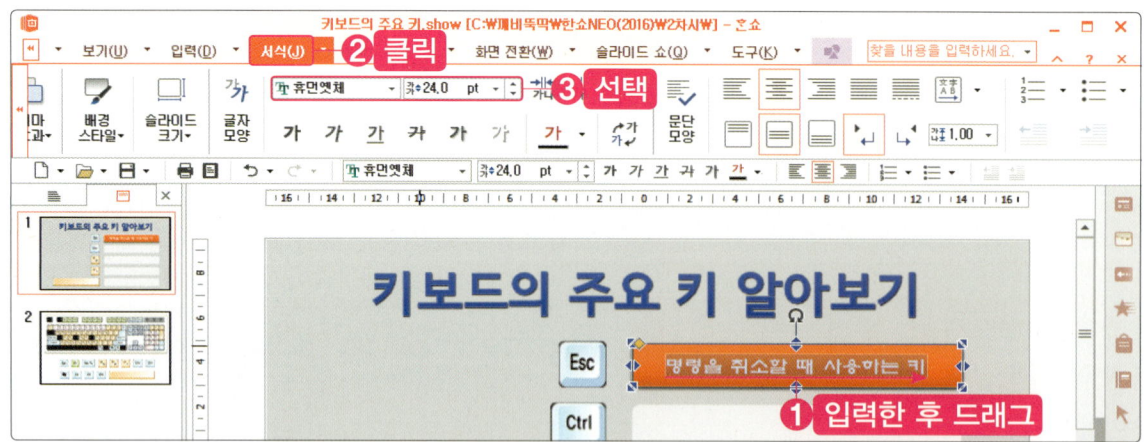

도형으로 마우스 포인터를 가져가서 마우스 포인터가 모양으로 변경되었을 때 클릭하면 도형을 선택할 수 있는데요. 도형을 선택한 후 바로 도형 텍스트를 입력하거나 도형의 바로 가기 메뉴에서 〔도형 안에 글자 넣기〕를 클릭하면 도형 텍스트를 입력할 수 있고, 도형 텍스트로 마우스 포인터를 가져가서 마우스 포인터가 I 모양으로 변경되었을 때 클릭하면 도형 텍스트를 수정할 수 있어요.

06 도형을 복사하기 위해 다음과 같이 Ctrl키와 Shift키를 누른 상태에서 도형을 드래그해요.

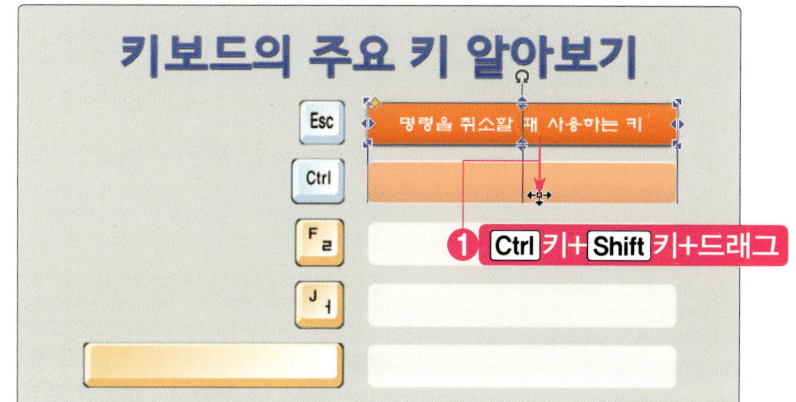

- 도형을 선택한 후 Ctrl키를 누른 상태에서 드래그하면 도형이 복사되고, Shift키를 누른 상태에서 드래그하면 수평이나 수직 방향으로 이동돼요.
- Ctrl키를 누른 상태에서 도형으로 마우스 포인터를 가져가면 마우스 포인터가 모양으로 변경돼요.

07 같은 방법으로 다음과 같이 도형을 3개 더 복사한 후 도형 텍스트를 수정한 다음 도형 스타일을 지정해요.
- 두 번째 도형 : 도형 스타일(보통 효과 – 강조 3(■))
- 세 번째 도형 : 도형 스타일(보통 효과 – 강조 5(■))
- 네 번째 도형 : 도형 스타일(보통 효과 – 강조 6(■))
- 다섯 번째 도형 : 도형 스타일(보통 효과 – 강조 1(■))

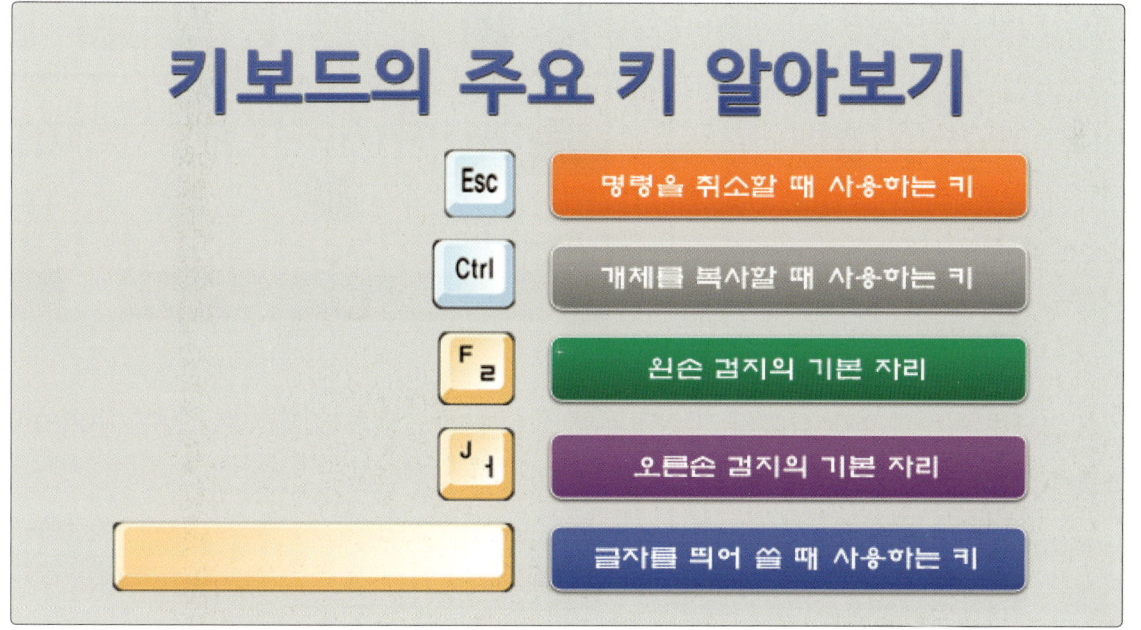

도형을 선택한 후 Delete키를 누르면 도형을 삭제할 수 있어요.

2 키보드에 키 이미지 배치하기

01 다음과 같이 [슬라이드] 탭에서 2번 슬라이드를 선택한 후 Esc 키 이미지를 이동해요.

Esc 키 이미지로 마우스 포인터를 가져가서 마우스 포인터가 모양으로 변경되었을 때 클릭하면 Esc 키 이미지를 선택할 수 있고, 드래그하면 Esc 키 이미지를 이동할 수 있어요.

02 Esc 키 이미지가 이동되면 다음과 같이 Esc 키 이미지의 크기를 조절해요.

Esc 키 이미지의 크기 조절점(↕, ↔, ↗, ↘)을 드래그하면 Esc 키 이미지의 크기를 조절할 수 있어요.

03 같은 방법으로 다음과 같이 나머지 키 이미지를 이동한 후 크기를 조절하여 키보드에 키 이미지를 배치해요.

① 다음은 키보드의 주요 키와 설명이에요. 키보드의 주요 키와 설명을 알맞게 연결해 보세요.

- Esc 키 •　　　　• 개체를 복사할 때 사용하는 키
- Ctrl 키 •　　　　• 명령을 취소할 때 사용하는 키
- F 키 •　　　　• 오른손 검지의 기본 자리
- J 키 •　　　　• 왼손 검지의 기본 자리
- SpaceBar 키 •　　　　• 글자를 띄어 쓸 때 사용하는 키

② 다음과 같이 새 프레젠테이션을 만든 후 레이아웃(빈 화면)을 변경한 다음 도형을 사용하여 키보드의 키를 만들어 보세요.

- 예제 파일 : 없음　■ 완성 파일 : 2차시\키보드의 키_완성.show
- 도형을 사용하여 키보드의 키를 만듦
  - 첫 번째 도형
    - 도형 : 도형 모양(빗면(□)), 도형 스타일(어두운 계열 – 강조 4(■))
    - 도형 텍스트 : 글꼴(휴먼엑스포), 글자 크기(80), 글자 색(검정)
  - 두 번째 도형
    - 도형 : 도형 모양(빗면(□)), 도형 스타일(어두운 계열 – 강조 3(■))
    - 도형 텍스트 : 글꼴(휴먼엑스포), 글자 크기(80), 글자 색(검정)

도형 텍스트를 드래그하여 선택한 후 [서식] 탭에서 [글자 색(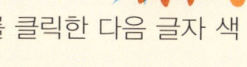)]의 [목록(▼)] 단추를 클릭한 다음 글자 색을 선택하면 도형 텍스트에 글자 색을 지정할 수 있어요.

Lesson 03

배울 수 있어요!
◆ 내 캐릭터를 만들 수 있어요.
◆ 내 캐릭터를 그룹화할 수 있어요.
◆ 내 캐릭터를 그림 파일로 저장할 수 있어요.

내 캐릭터를 만들어요.

얼굴, 눈, 코, 입 등의 이미지를 조합하면 다양한 표정의 내 캐릭터를 만들 수 있는데요. 내 캐릭터는 자기 소개글이나 내 캐릭터 이름표 등에 활용할 수 있답니다. 그럼, 이번 시간에는 내 캐릭터를 만드는 방법, 내 캐릭터를 그룹화하는 방법, 내 캐릭터를 그림 파일로 저장하는 방법에 대해 알아볼게요.

☼ **예제 파일** : '3차시' 폴더의 하위 폴더에 있는 이미지   ☼ **완성 파일** : 3차시\내 캐릭터-1_완성.show

얼굴, 눈, 코, 입 등의 이미지를 조합하여 내 캐릭터를 만들어요.

내 캐릭터를 그룹화해요.

내 캐릭터를 그림 파일로 저장해요.

 # 내 캐릭터 만들기

01 새 프레젠테이션을 만든 후 레이아웃(빈 화면)을 변경해요.

02 레이아웃이 변경되면 얼굴 이미지를 삽입하기 위해〔입력〕탭에서〔그림〕을 클릭해요.

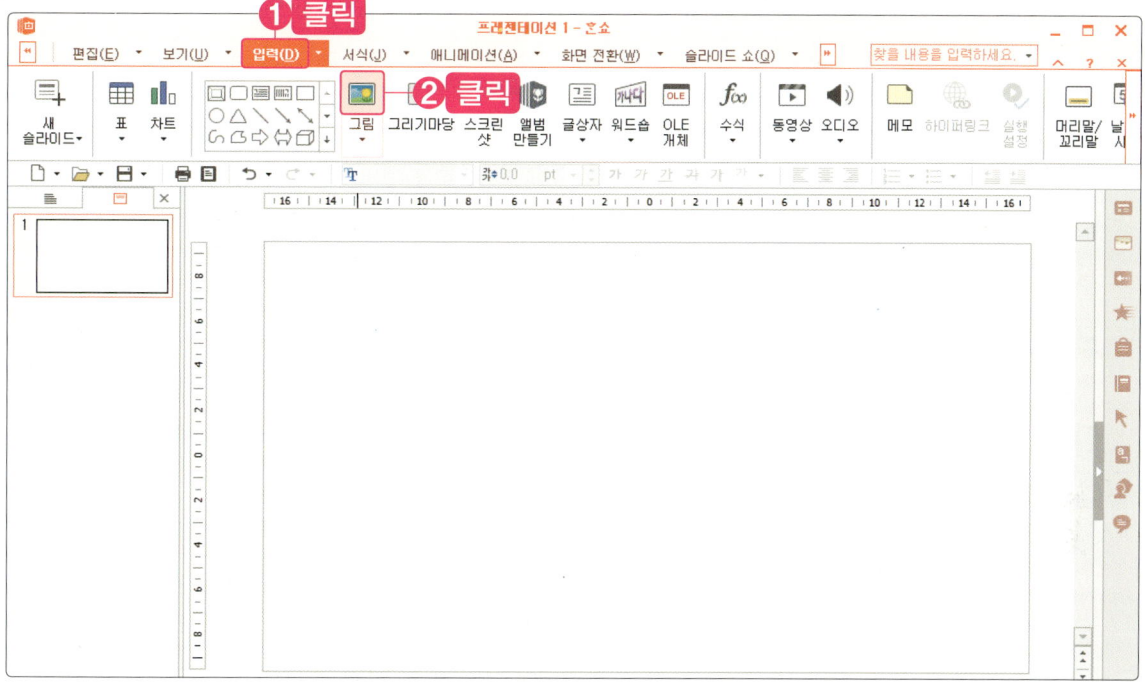

03 〔그림 넣기〕대화상자가 나타나면 찾는 위치(C:\깨비뚝딱\한쇼NEO(2016)\1차시\1. 얼굴)를 선택한 후 자기와 비슷한 얼굴 이미지(여기서는 1.png)를 선택한 다음〔넣기〕단추를 클릭해요.

04 얼굴 이미지가 삽입되면 머리 스타일 이미지를 삽입하기 위해〔입력〕탭에서〔그림〕을 클릭해요.

05 〔그림 넣기〕 대화상자가 나타나면 찾는 위치(C:\깨비뚝딱\한쇼NEO(2016)\1차시\3. 머리 스타일)를 선택한 후 자기와 비슷한 머리 스타일 이미지(여기서는 12.png)를 선택한 다음 〔넣기〕 단추를 클릭해요.

'3. 머리 스타일' 폴더로 이동하기
다음과 같이 〔한 수준 위로( )〕를 클릭하여 '1. 얼굴' 폴더의 상위 폴더(한 단계 위에 있는 폴더)인 '3차시' 폴더로 이동한 후 '3. 머리 스타일' 폴더를 더블클릭하면 '3. 머리 스타일' 폴더로 쉽고 빠르게 이동할 수 있어요.

06 머리 스타일 이미지가 삽입되면 다음과 같이 머리 스타일 이미지를 이동한 후 크기를 조절해요.

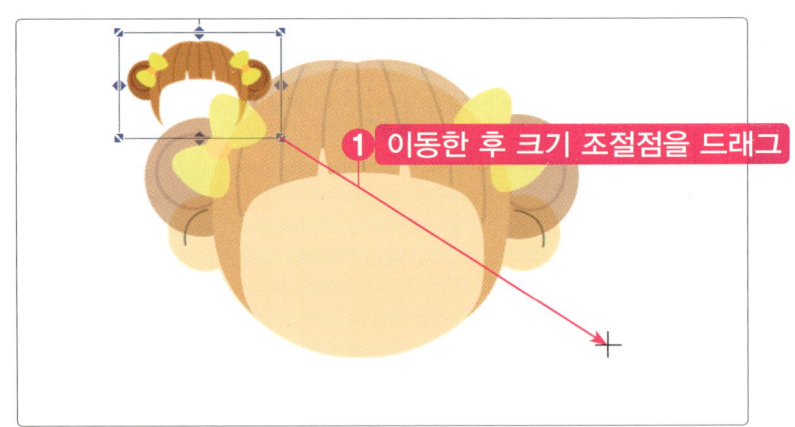

07 같은 방법으로 다음과 같이 자기와 비슷한 눈, 코, 입 이미지를 삽입하여 내 캐릭터를 만들어요.

이미지를 선택한 후 Delete 키를 누르면 이미지를 삭제할 수 있어요.

 ## 내 캐릭터 그룹화하기

01 내 캐릭터를 그룹화하기 위해 다음과 같이 내 캐릭터를 드래그하여 선택한 후 〔그림(🎭)〕 정황 탭에서 〔그룹〕을 클릭한 다음 〔개체 묶기〕를 클릭해요.

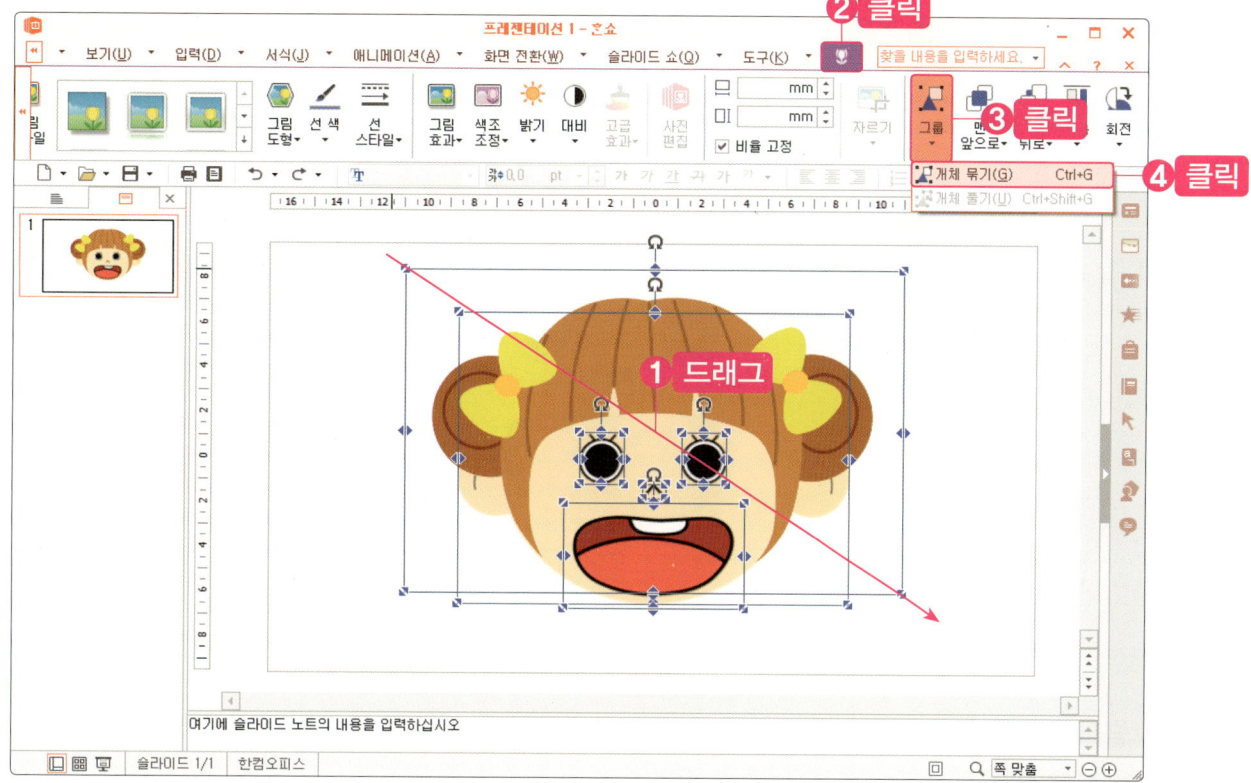

- 그룹은 선택한 개체를 합쳐서 하나의 개체로 만드는 것을 말해요.
- 내 캐릭터를 드래그하여 선택한 후 〔그림(🎭)〕 정황 탭에서 〔그룹〕을 클릭한 다음 〔개체 묶기〕를 클릭하거나 Ctrl키+G키를 누르면 내 캐릭터를 그룹화할 수 있고, 그룹화된 내 캐릭터를 선택한 후 〔그림(🎭)〕 정황 탭에서 〔그룹〕을 클릭한 다음 〔개체 풀기〕를 클릭하거나 Ctrl키+Shift키+G키를 누르면 그룹화된 내 캐릭터를 그룹 해제할 수 있어요.

02 내 캐릭터가 그룹화돼요.

3 내 캐릭터 그림 파일로 저장하기

01 내 캐릭터를 그림 파일로 저장하기 위해 내 캐릭터의 바로 가기 메뉴에서 [그림 파일로 저장]을 클릭해요.

02 [그림으로 저장하기] 대화상자가 나타나면 저장 위치(라이브러리\문서)를 선택한 후 파일 이름(김이쁜-1)을 입력한 다음 [저장] 단추를 클릭해요.

파일 이름은 '김이쁜-1'과 같이 '자기 이름-1' 형식으로 입력해요.

03 내 캐릭터가 그림 파일로 저장돼요.

① 다음과 같이 새 프레젠테이션을 만든 후 레이아웃(빈 화면)을 변경한 다음 다른 표정의 내 캐릭터를 만들고 내 캐릭터를 그림 파일로 저장해 보세요.

- 예제 파일 : '3차시' 폴더의 하위 폴더에 있는 이미지
- 완성 파일 : 3차시\내 캐릭터-2_완성.show
- 얼굴, 눈, 코, 입 등의 이미지를 조합하여 다른 표정의 내 캐릭터를 만든 후 내 캐릭터를 그룹화
- 내 캐릭터를 그림 파일로 저장 : 저장 위치(라이브러리\문서), 파일 이름(김이쁜-2)

파일 이름은 '김이쁜-2'와 같이 '자기 이름-2' 형식으로 입력해요.

② 다음과 같이 새 프레젠테이션을 만든 후 레이아웃(빈 화면)을 변경한 다음 친구 캐릭터를 만들고 친구 캐릭터를 그림 파일로 저장해 보세요.

- 예제 파일 : '3차시' 폴더의 하위 폴더에 있는 이미지
- 완성 파일 : 3차시\친구 캐릭터_완성.show
- 얼굴, 눈, 코, 입 등의 이미지를 조합하여 친구 캐릭터를 만든 후 친구 캐릭터를 그룹화
- 친구 캐릭터를 그림 파일로 저장 : 저장 위치(라이브러리\문서), 파일 이름(이멋진)

파일 이름은 '이멋진'과 같이 '친구 이름' 형식으로 입력해요.

Lesson 04

배울 수 있어요!
- 테마를 지정할 수 있어요.
- 자기 소개글을 입력하고 자기 소개글에 글자 모양을 지정할 수 있어요.

자기를 소개해요

글상자는 슬라이드에 글자를 입력할 수 있는 도구 상자인데요. 글상자를 사용하면 원하는 위치에 제목이나 자기 소개글 등을 입력할 수 있답니다. 그럼, 이번 시간에는 테마를 지정하는 방법과 자기 소개글을 입력하고 자기 소개글에 글자 모양을 지정하는 방법에 대해 알아볼게요.

⚙ 예제 파일 : 4차시\자기 소개.show   ⚙ 완성 파일 : 4차시\자기 소개_완성.show

- 가로 글상자를 삽입해요.
- 자기 소개글을 입력하고 자기 소개글에 글자 모양을 지정해요.
- 테마를 지정해요.

김이쁜
렉스 초등학교 1학년 1반
이 닦는 것을 싫어하지만 노래는 잘 해요.
수학 문제만 풀면 머리가 아파요.
엄마에게 말씀드렸더니 약이 없어서 주사를 맞아야 한다고 해요.
친구들이 목소리가 크다고 맨날 작게 말하라고 해요.

 **테마 지정하기**

01 '자기 소개.show' 파일을 연 후 테마를 지정하기 위해 [서식] 탭에서 [테마]의 [자세히(▼)] 단추를 클릭해요. 그런 다음 테마 목록이 나타나면 [꿈]을 클릭해요.

> 테마는 테마 색, 테마 글꼴, 테마 효과로 구성된 서식 모음인데요. 테마를 지정하면 프레젠테이션의 전반적인 디자인을 변경할 수 있어요.

02 다음과 같이 테마가 지정돼요.

Lesson 04 · 자기를 소개해요. 27

2 자기 소개글 입력하고 글자 모양 지정하기

01 가로 글상자를 삽입하기 위해 〔입력〕 탭에서 〔도형〕의 〔자세히〕 단추를 클릭해요. 그런 다음 도형 목록이 나타나면 〔가로 글상자〕를 클릭해요.

02 마우스 포인터가 ＋ 모양으로 변경되면 다음과 같이 가로 글상자를 삽입하고 싶은 위치를 클릭한 후 자기 소개글을 입력해요.

03 같은 방법으로 다음과 같이 가로 글상자를 1개 더 삽입한 후 나머지 자기 소개글을 입력해요.

04 자기 이름에 글자 모양을 지정하기 위해 자기 이름을 드래그하여 선택한 후 〔서식〕 탭에서 글꼴(휴먼옛체), 글자 크기(54), 글자 색(시안)을 선택한 다음 〔기울임(가)〕을 클릭해요.

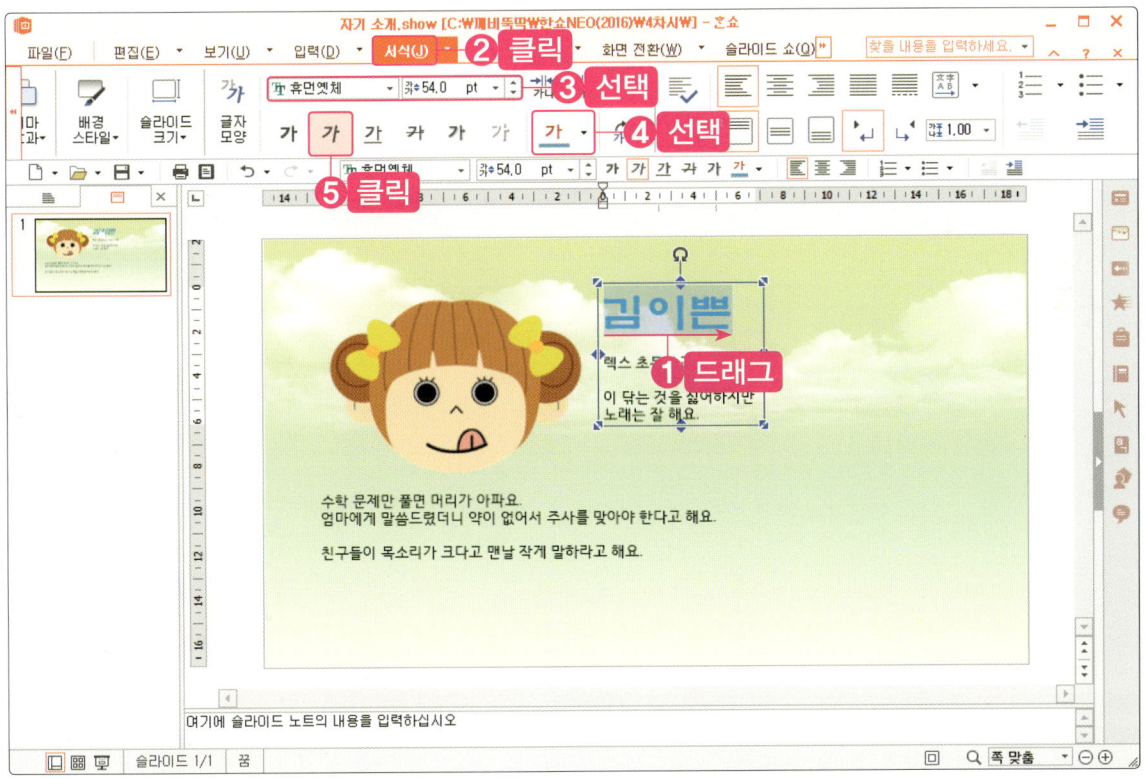

〔진하게(가)〕는 글자를 굵게 표시하고, 〔기울임(가)〕은 글자를 비스듬하게 표시해요. 그리고 〔밑줄(가)〕은 글자 아래에 밑줄을 표시하고, 〔그림자(가)〕는 글자 뒤에 그림자를 표시해요.

05 같은 방법으로 다음과 같이 나머지 자기 소개글에 지정하고 싶은 글자 모양을 지정해요.

기호 입력하기

한쇼에서 키보드로 입력할 수 없는 ■, ○, ▲ 등의 기호는 문자표를 사용하면 입력할 수 있는데요. 다음은 자기 이름 앞에 '★' 기호를 입력하는 경우예요.

1 다음과 같이 '곰 세마리.show' 파일을 연 후 테마(꽃잎)를 지정해 보세요.

- 예제 파일 : 4차시\곰 세마리.show
- 완성 파일 : 4차시\곰 세마리_완성.show

2 다음과 같이 가로 글상자를 사용하여 '곰 세마리' 가사를 입력한 후 '곰 세마리' 가사에 지정하고 싶은 글자 모양을 지정해 보세요.

Lesson 04 • 자기를 소개해요. 31

Lesson 05

배울 수 있어요!
◆ 내 캐릭터 이름표를 만들 수 있어요.
◆ 내 캐릭터 이름표를 그룹화하고 복사하여 배치할 수 있어요.

내 캐릭터 이름표를 만들어요.

내 캐릭터와 도형을 사용하면 멋진 내 캐릭터 이름표를 만들 수 있는데요. 내 캐릭터 이름표는 사물함이나 신발장 등에 활용할 수 있답니다. 그럼, 이번 시간에는 내 캐릭터 이름표를 만드는 방법과 내 캐릭터 이름표를 그룹화하고 복사하여 배치하는 방법에 대해 알아볼게요.

❂ 예제 파일 : 5차시\김이쁜.png   ❂ 완성 파일 : 5차시\내 캐릭터 이름표_완성.show

 내 캐릭터 이름표 만들기

01 새 프레젠테이션을 만든 후 레이아웃(빈 화면)을 변경해요.

02 레이아웃이 변경되면 다음과 같이 내 캐릭터를 삽입한 후 크기를 조절해요. 그런 다음 도형을 삽입한 후 도형 스타일을 지정해요.

- 내 캐릭터 : 찾는 위치(C:\깨비뚝딱\한쇼NEO(2016)\5차시), 그림(김이쁜.png)
- 도형 : 도형 모양(모서리가 둥근 직사각형(☐)), 도형 스타일(채우기 - 강조 2(■))

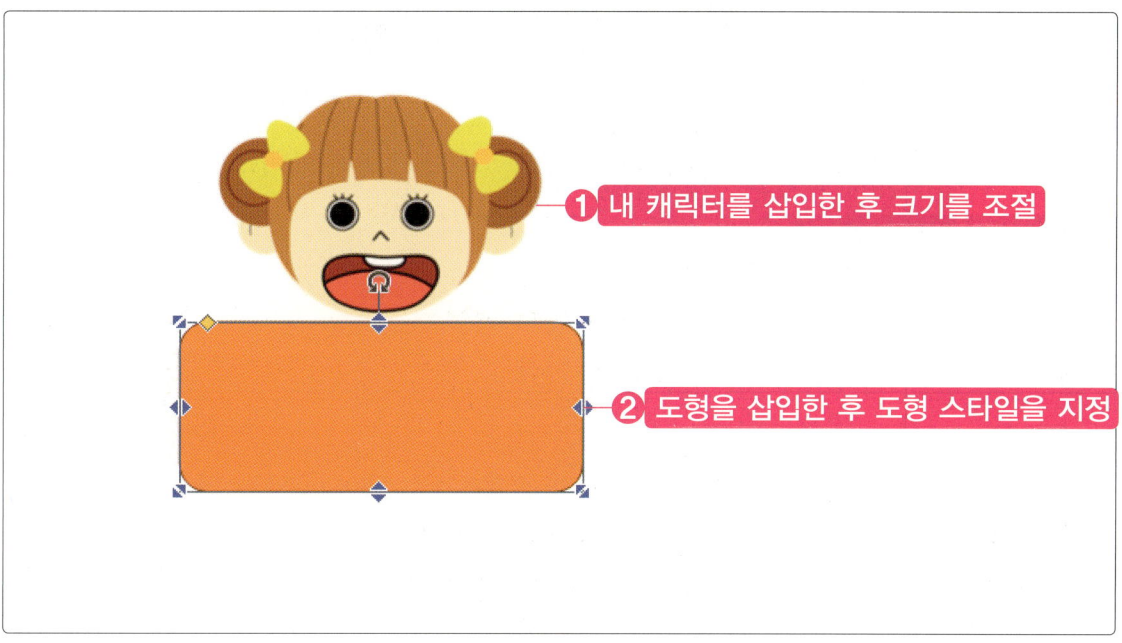

03 도형의 크기를 지정하기 위해 [도형( )] 정황 탭에서 너비(120)를 입력한 후 Enter를 누른 다음 높이(50)를 입력하고 Enter를 눌러요. 그런 다음 도형의 위치(내 캐릭터의 가운데)를 조절해요.

Lesson 05 • 내 캐릭터 이름표를 만들어요. 33

04 같은 방법으로 다음과 같이 도형을 1개 더 삽입한 후 크기와 위치(뒤에 있는 도형의 정가운데)를 조절해요. 그런 다음 도형 텍스트를 입력한 후 도형 텍스트에 글자 모양을 지정해요.

- 도형 : 도형 모양(모서리가 둥근 직사각형(☐)), 너비(110), 높이(40)
- 도형 텍스트 : 글꼴(맑은 고딕), 글자 크기(28), 글자 색(검정)

05 도형의 선 색과 채우기 색을 지정하기 위해 [도형( )] 정황 탭에서 선 색(주황)을 선택한 후 채우기 색(하양)을 선택해요.

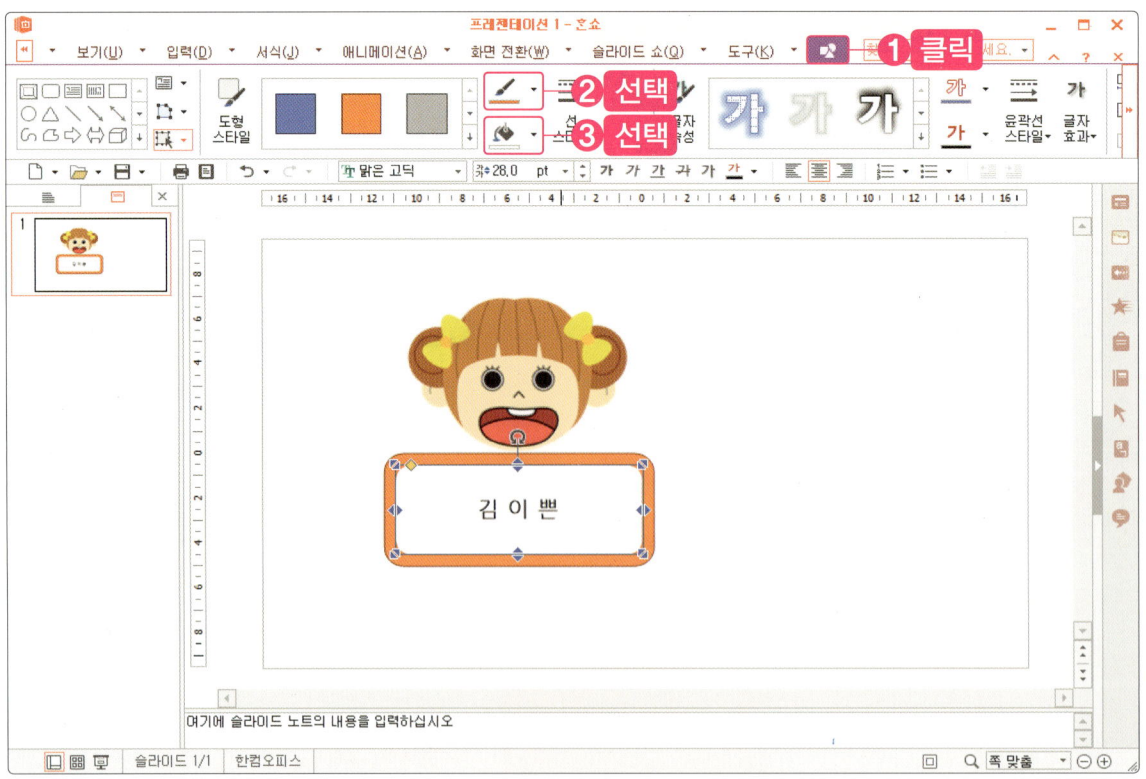

06 도형의 선 종류를 지정하기 위해 〔도형( )〕 정황 탭에서 〔선 스타일〕을 클릭한 후 〔선 종류〕-〔긴 점선(----)〕을 클릭해요.

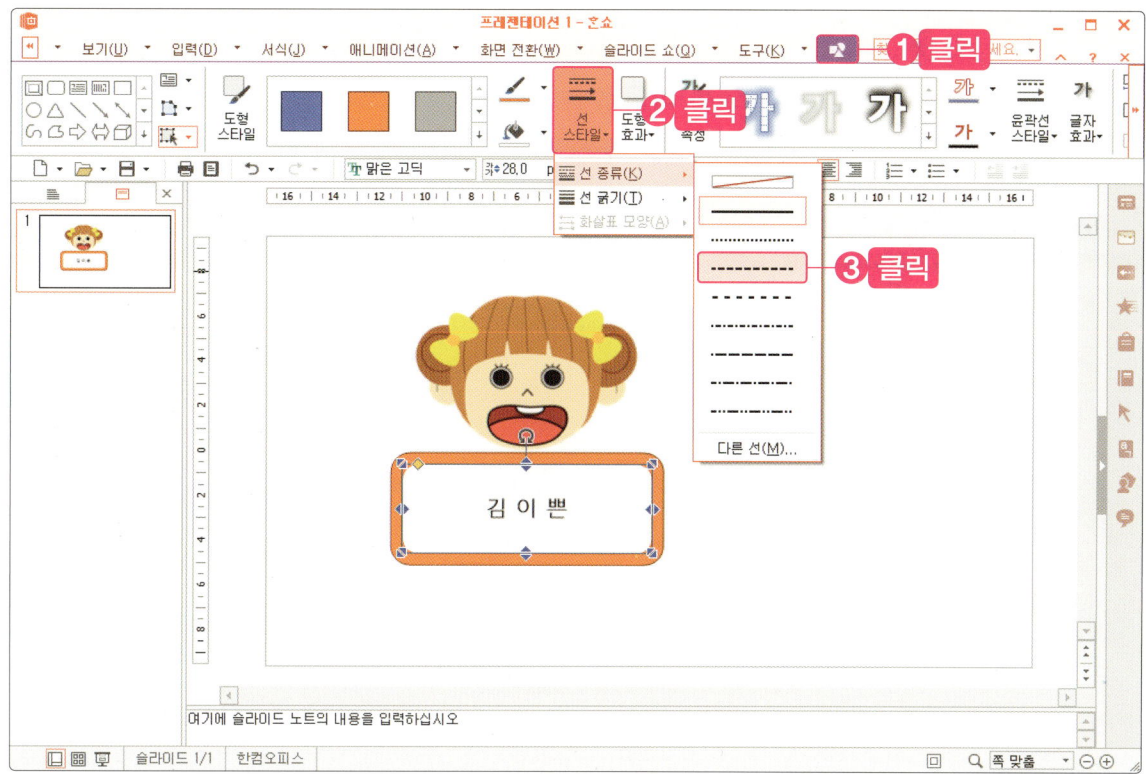

07 도형의 선 굵기를 지정하기 위해 〔도형( )〕 정황 탭에서 〔선 스타일〕을 클릭한 후 〔선 굵기〕-〔3 pt〕를 클릭해요.

08 도형의 선 굵기가 지정되면 다음과 같이 도형을 삽입한 후 선 색과 채우기 색을 지정해요. 그런 다음 도형을 복사하여 내 캐릭터 이름표를 만들어요.

- 도형 : 도형 모양(타원(○)), 선 색(선 없음), 채우기 색(주황 80% 밝게)

Lesson 05 • 내 캐릭터 이름표를 만들어요. 35

2 내 캐릭터 이름표 그룹화하고 복사하여 배치하기

01 내 캐릭터 이름표를 그룹화하기 위해 다음과 같이 내 캐릭터 이름표를 드래그하여 선택한 후 [그림( )] 정황 탭에서 [그룹]을 클릭한 다음 [개체 묶기]를 클릭해요.

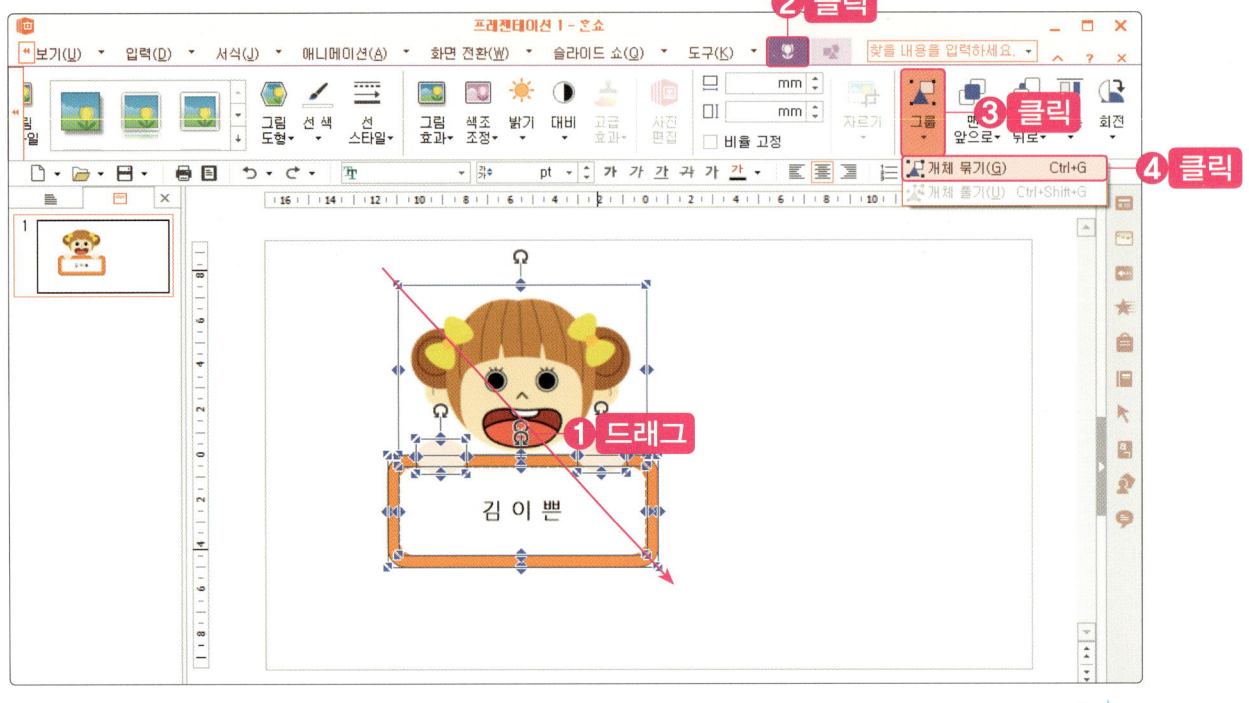

내 캐릭터 이름표를 드래그하여 선택한 후 [도형( )] 정황 탭에서 [그룹]을 클릭한 다음 [개체 묶기]를 클릭하여 내 캐릭터 이름표를 그룹화할 수도 있어요.

02 내 캐릭터 이름표가 그룹화되면 다음과 같이 내 캐릭터 이름표의 크기와 위치를 조절해요. 그런 다음 내 캐릭터 이름표를 7개 복사한 후 위치를 조절하여 배치해요.

① 다음과 같이 '토마토.show' 파일을 연 후 도형을 복사하여 토마토를 만들어 보세요.
- 예제 파일 : 5차시\토마토.show
- 완성 파일 : 5차시\토마토_완성.show
- 슬라이드에 있는 도형을 복사하여 토마토를 만든 후 토마토를 그룹화
  - 얼굴 : 도형 스타일(어두운 계열 - 강조 2(■))
  - 꼭지 : 도형 스타일(어두운 계열 - 강조 5(■))
  - 눈의 검은색 부분 : 선 색(선 없음), 채우기 색(검정)
  - 눈의 흰색 부분/입의 흰색 부분 : 선 색(검정), 채우기 색(하양), 선 굵기(6pt)
  - 볼/입의 주황색 부분 : 선 색(선 없음), 채우기 색(주황 10% 어둡게)

② 다음과 같이 토마토를 복사한 후 도형 스타일을 변경해 보세요.
- 토마토를 복사한 후 크기를 조절한 다음 도형 스타일을 변경
  - 얼굴 : 도형 스타일(어두운 계열 - 강조 4(■))

Lesson 06

배울 수 있어요!
◆ 도형의 겹치는 순서를 다시 정할 수 있어요.
◆ 도형을 회전할 수 있어요.

도형의 겹치는 순서를 다시 정해요.

도형을 서로 겹치면 나중에 삽입한 도형이 먼저 삽입한 도형 위에 겹쳐지는데요. 도형의 겹치는 순서는 언제든지 다시 정할 수 있답니다. 그럼, 이번 시간에는 도형의 겹치는 순서를 다시 정하는 방법과 도형을 회전하는 방법에 대해 알아볼게요.

❂ 예제 파일 : 6차시\도형의 겹치는 순서.show   ❂ 완성 파일 : 6차시\도형의 겹치는 순서_완성.show

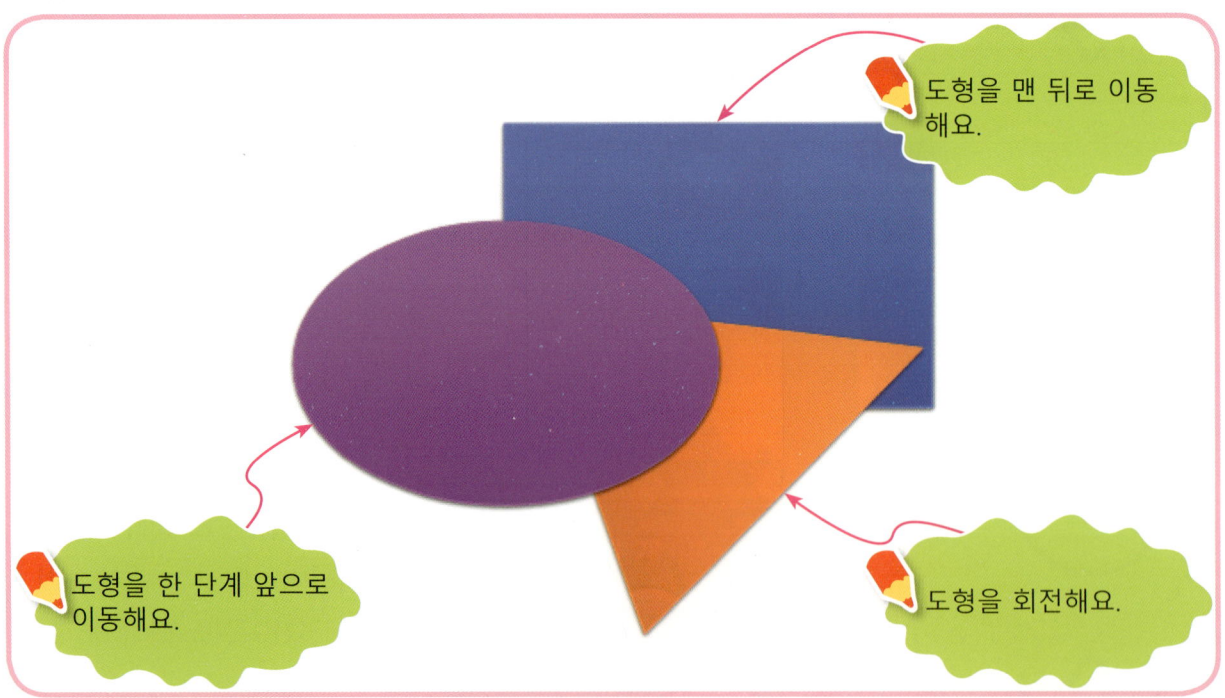

도형을 맨 뒤로 이동해요.
도형을 한 단계 앞으로 이동해요.
도형을 회전해요.

1 도형의 겹치는 순서 다시 정하기

01 '도형의 겹치는 순서.show' 파일을 연 후 도형의 겹치는 순서를 다시 정하기 위해 도형(■)의 바로 가기 메뉴에서 〔순서〕-〔맨 뒤로〕를 클릭해요.

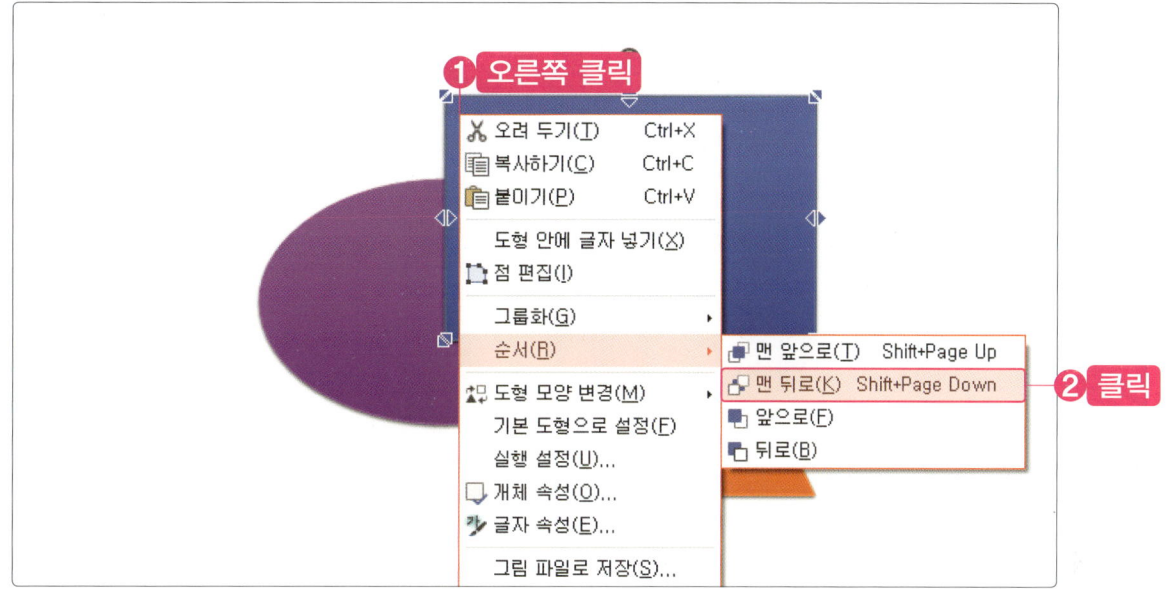

도형의 바로 가기 메뉴에서 〔순서〕-〔맨 앞으로〕를 클릭하면 도형을 맨 앞으로 이동할 수 있고, 〔순서〕-〔맨 뒤로〕를 클릭하면 도형을 맨 뒤로 이동할 수 있어요. 그리고 〔순서〕-〔앞으로〕를 클릭하면 도형을 한 단계 앞으로 이동할 수 있고, 〔순서〕-〔뒤로〕를 클릭하면 도형을 한 단계 뒤로 이동할 수 있어요.

02 도형이 맨 뒤로 이동되면 도형(●)의 바로 가기 메뉴에서 〔순서〕-〔앞으로〕를 클릭해요.

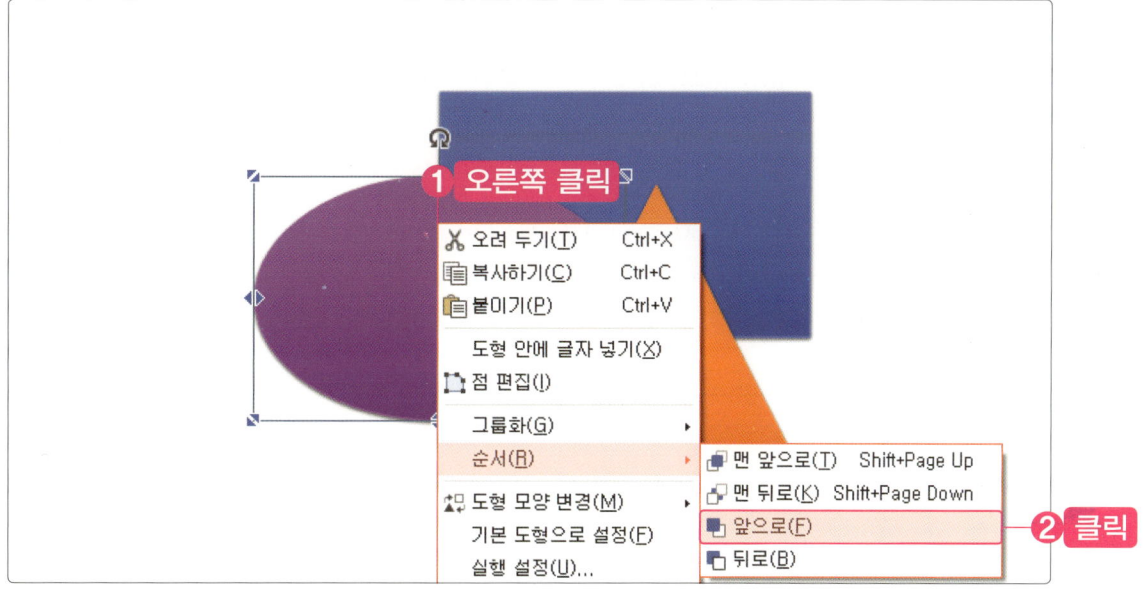

03 도형이 한 단계 앞으로 이동돼요.

Lesson 06 • 도형의 겹치는 순서를 다시 정해요. 39

 **도형 회전하기**

01 도형을 회전하기 위해 다음과 같이 도형(▲)의 회전 조절점(⟲)을 드래그해요.

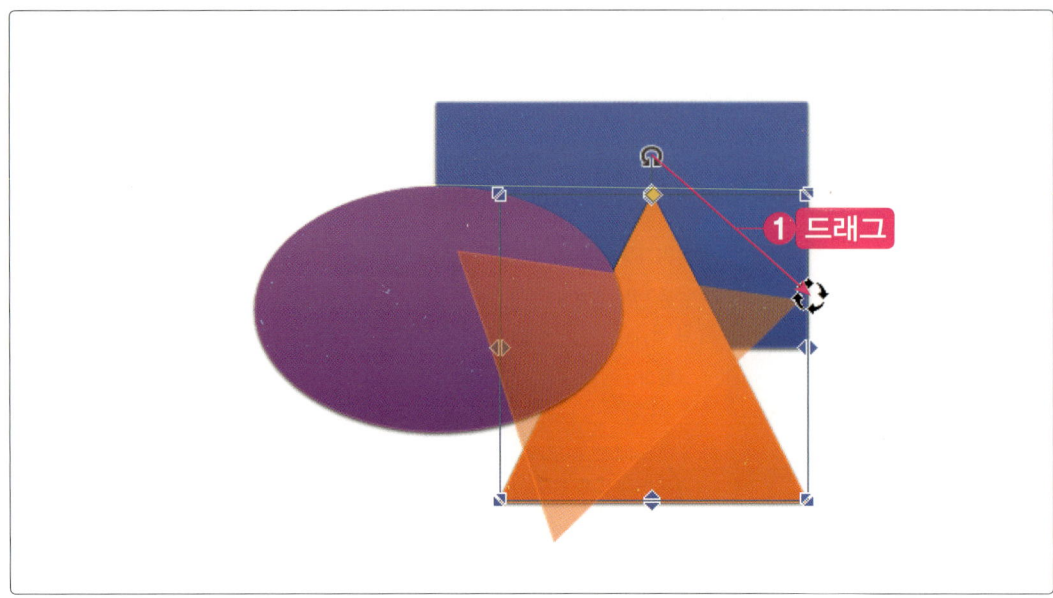

도형의 회전 조절점(⟲)으로 마우스 포인터를 가져가면 마우스 포인터가 ↻ 모양으로 변경돼요.

02 다음과 같이 도형이 회전돼요.

1 오늘은 분리수거하는 날이에요. 다음과 같이 '분리수거.show' 파일을 연 후 재생용 쓰레기를 분리하여 분리수거함에 넣어 보세요.

- 예제 파일 : 6차시\분리수거.show
- 완성 파일 : 6차시\분리수거_완성.show
- 슬라이드에 있는 재생용 쓰레기를 분리하여 분리수거함에 넣음

2 다음과 같이 재생용 쓰레기를 회전해 보세요.

Lesson 06 • 도형의 겹치는 순서를 다시 정해요.

Lesson 07

배울 수 있어요!
- 큰 꽃잎을 만들 수 있어요.
- 작은 꽃잎과 꽃술을 만들 수 있어요.
- 꽃을 그룹화하고 복사하여 배치할 수 있어요.

꽃을 만들어요.

한쇼에서는 선, 사각형, 수식 도형 등의 다양한 도형을 제공하는데요. 여러 도형을 겹치거나 도형의 모양을 변경하면 꽃이나 옥수수 등을 만들 수 있답니다. 그럼, 이번 시간에는 큰 꽃잎을 만드는 방법, 작은 꽃잎과 꽃술을 만드는 방법, 꽃을 그룹화하고 복사하여 배치하는 방법에 대해 알아볼게요.

※ **예제 파일** : 없음　　※ **완성 파일** : 7차시\꽃_완성.show

- 도형을 삽입하고 개체 속성을 지정하여 큰 꽃잎을 만들어요.
- 큰 꽃잎을 복사하고 크기를 조절하여 작은 꽃잎을 만들어요.
- 도형을 삽입하고 선 색과 채우기 색을 지정하여 꽃술을 만들어요.
- 꽃을 그룹화하고 복사하여 배치해요.

1 큰 꽃잎 만들기

01 새 프레젠테이션을 만든 후 레이아웃(빈 화면)을 변경해요.

02 레이아웃이 변경되면 다음과 같이 도형(하트(♡))을 삽입한 후 개체 속성을 지정하기 위해 도형의 바로 가기 메뉴에서 [개체 속성]을 클릭해요.

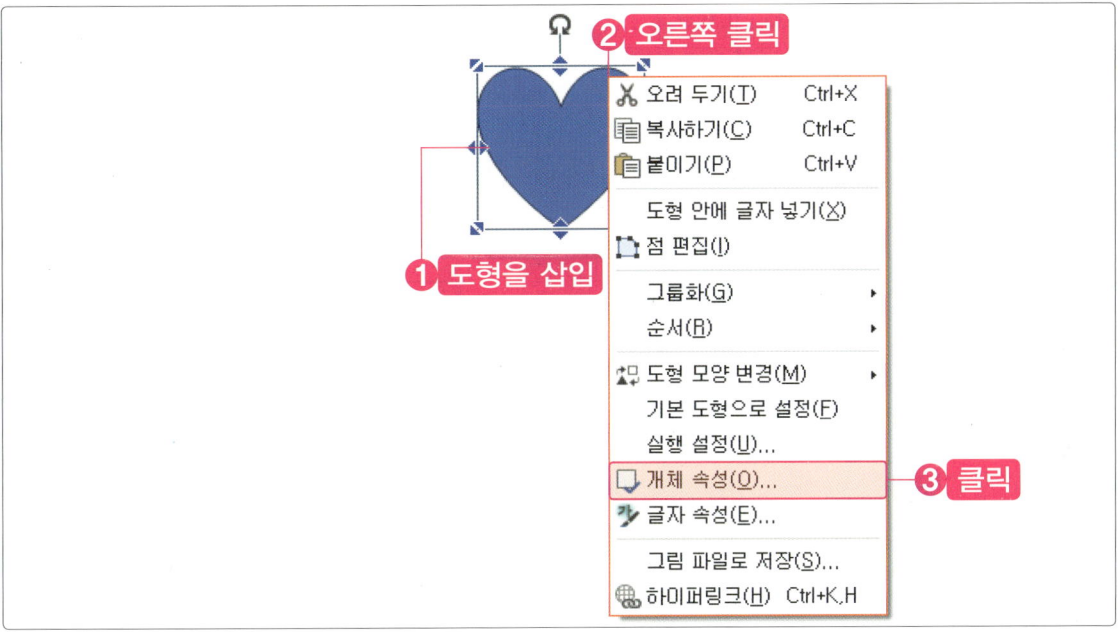

03 [개체 속성] 대화상자가 나타나면 [채우기] 탭에서 종류(단색)를 선택한 후 색(빨강)을 선택한 다음 투명도(90)를 입력하고 [선] 탭을 클릭해요. 그런 다음 [개체 속성] 대화상자의 [선] 탭이 나타나면 선 색(없음)을 선택한 후 [설정] 단추를 클릭해요.

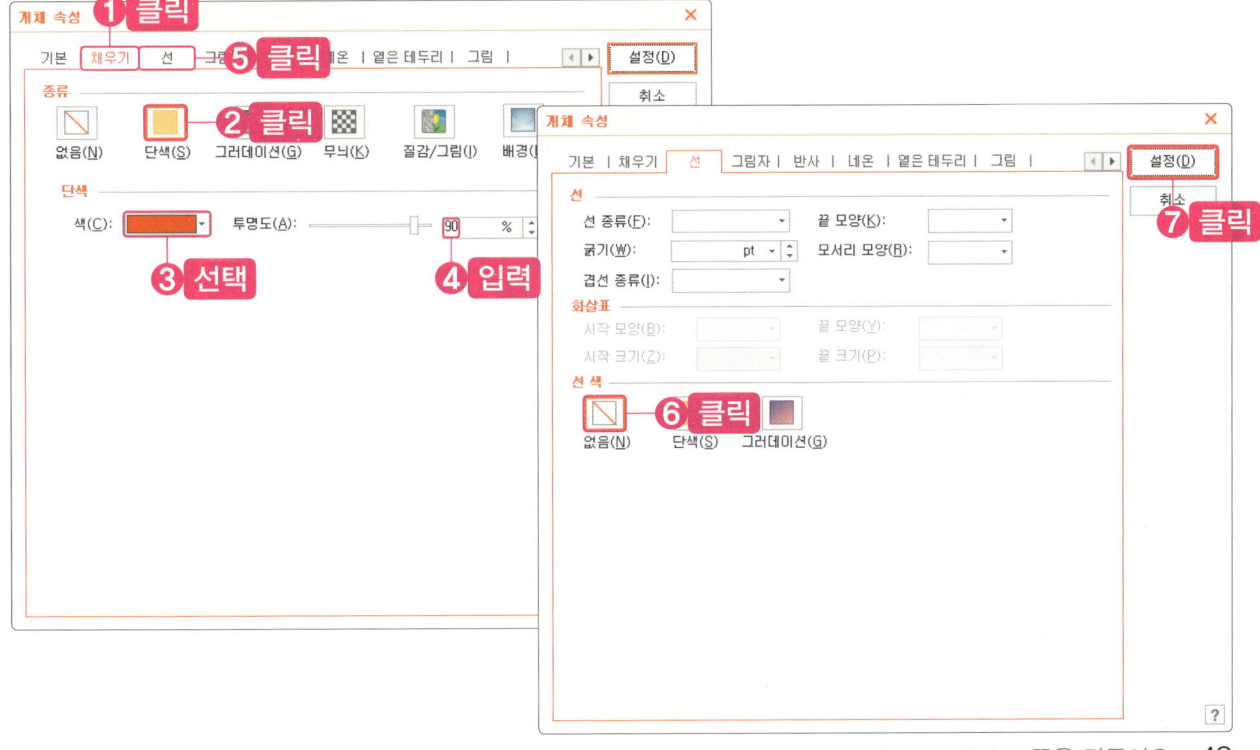

Lesson 07 • 꽃을 만들어요. 43

04 도형의 개체 속성이 지정되면 다음과 같이 도형을 복사한 후 회전하기 위해〔도형( )〕정황 탭에서〔회전〕을 클릭한 다음〔오른쪽으로 90도 회전〕을 클릭해요.

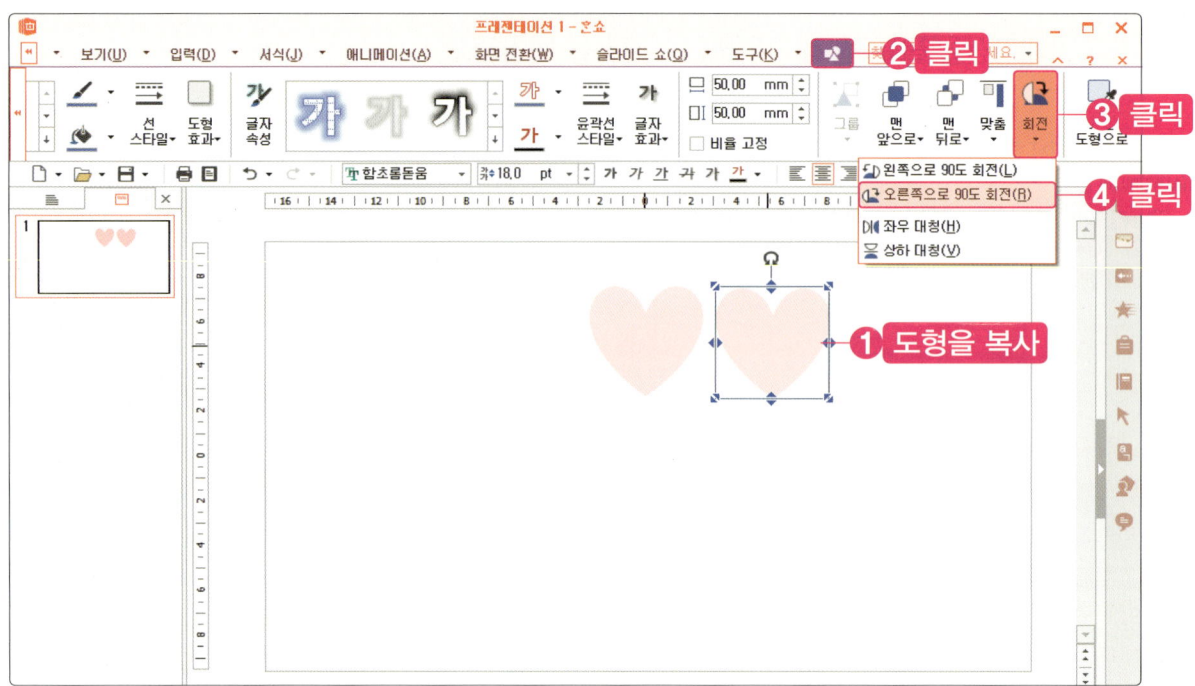

05 도형이 회전되면 다음과 같이 도형을 2개 더 복사한 후 회전한 다음 위치를 조절하여 큰 꽃잎을 만들어요.

06 큰 꽃잎을 그룹화하기 위해 큰 꽃잎을 드래그하여 선택한 후〔도형( )〕정황 탭에서〔그룹〕을 클릭한 다음〔개체 묶기〕를 클릭해요.

07 큰 꽃잎이 그룹화돼요.

2 작은 꽃잎과 꽃술 만들기

01 다음과 같이 큰 꽃잎을 복사한 후 크기와 위치를 조절하여 작은 꽃잎을 만들어요.

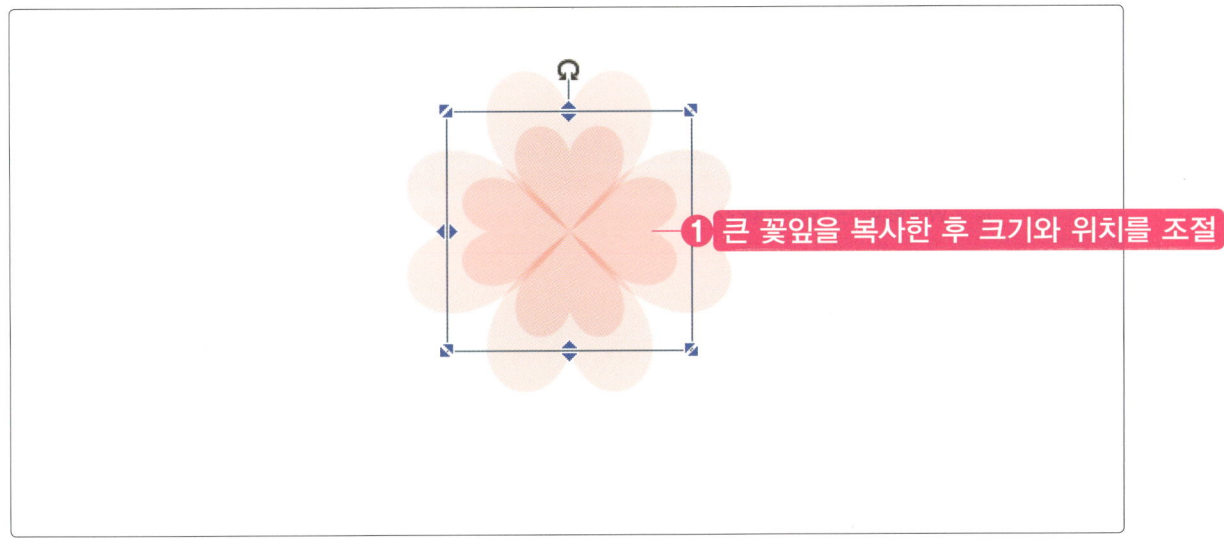

❶ 큰 꽃잎을 복사한 후 크기와 위치를 조절

02 작은 꽃잎의 개체 속성을 지정하기 위해 작은 꽃잎의 바로 가기 메뉴에서 [개체 속성]을 클릭해요.

03 [개체 속성] 대화상자가 나타나면 [채우기] 탭에서 종류(단색)를 선택한 후 색(빨강)을 선택한 다음 투명도(80)를 입력하고 [설정] 단추를 클릭해요.

04 작은 꽃잎의 개체 속성이 지정되면 다음과 같이 도형을 삽입한 후 선 색과 채우기 색을 지정해요. 그런 다음 도형을 3개 복사한 후 위치를 조절하여 꽃술을 만들어요.
- 도형 : 도형 모양(타원(◯)), 선 색(선 없음), 채우기 색(하양)

❶ 도형을 삽입한 후 선 색과 채우기 색을 지정

❷ 도형을 3개 복사한 후 위치를 조절

> [Shift]키를 누른 상태에서 드래그하여 직사각형 도형이나 타원 도형을 삽입하면 정사각형 도형이나 정원(완전히 동그란 원) 도형이 삽입돼요.

3 꽃 그룹화하고 복사하여 배치하기

01 꽃을 그룹화하기 위해 다음과 같이 꽃을 드래그하여 선택한 후 [도형( )] 정황 탭에서 [그룹]을 클릭한 다음 [개체 묶기]를 클릭해요.

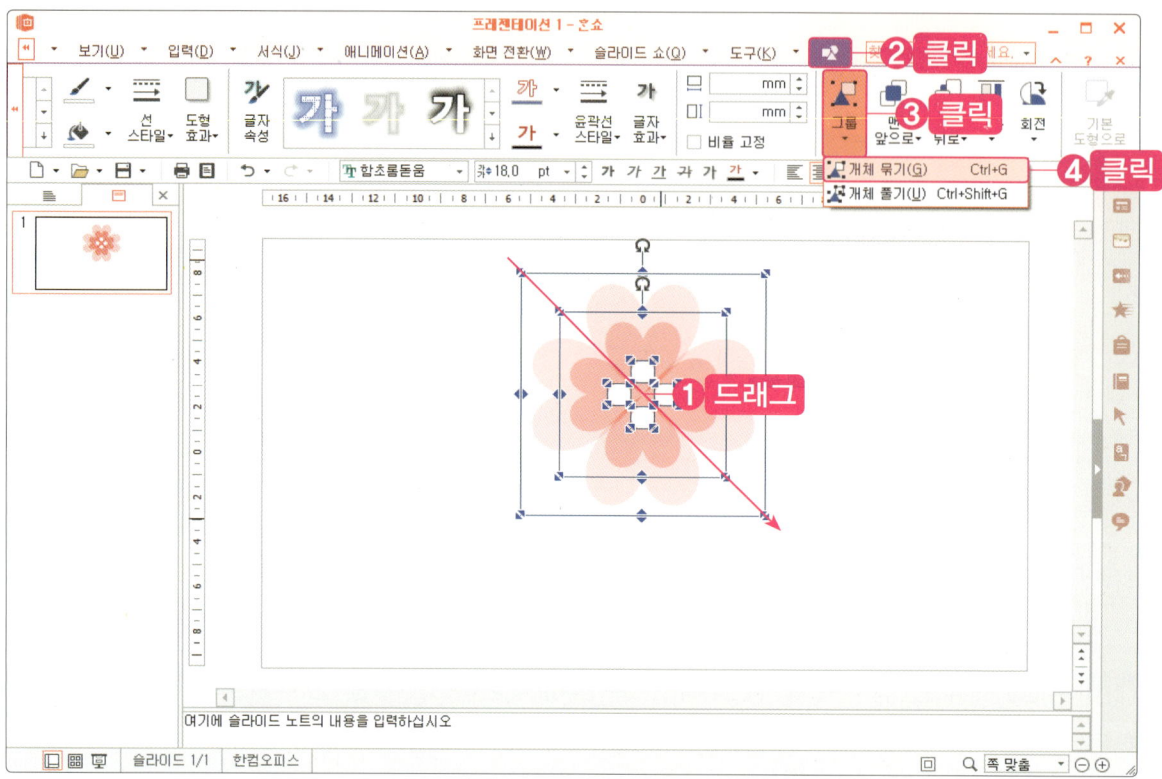

02 꽃이 그룹화되면 다음과 같이 꽃을 2개 복사한 후 크기와 위치를 조절하여 배치해요.

① **다음과 같이 '옥수수.show' 파일을 연 후 도형을 복사하여 옥수수를 만들어 보세요.**

- 예제 파일 : 7차시\옥수수.show
- 완성 파일 : 7차시\옥수수_완성.show
- 슬라이드에 있는 도형을 복사하여 옥수수를 만든 후 옥수수를 그룹화
  - ⬤ : 선 색(초록), 채우기 색(노랑 40% 밝게), 선 굵기(16pt)
  - ▲ : 선 색(선 없음), 채우기 색(초록)

도형을 선택한 후 [도형] 정황 탭에서 [선 스타일]을 클릭한 다음 [선 굵기]-[다른 선]을 클릭하면 [개체 속성] 대화상자가 나타나는데요. [개체 속성] 대화상자의 [선] 탭에서 선 굵기를 입력한 후 [설정] 단추를 클릭하면 도형의 선 굵기를 지정할 수 있어요.

② **다음과 같이 '꽃다발.show' 파일을 연 후 도형을 복사하여 꽃다발을 만들어 보세요.**

- 예제 파일 : 7차시\꽃다발.show
- 완성 파일 : 7차시\꽃다발_완성.show
- 슬라이드에 있는 도형을 복사하여 꽃다발을 만든 후 꽃다발을 그룹화
  - ▽ : 도형 스타일(밝은 계열 - 강조 1(▫)), 선 색(선 없음)

Lesson 08

배울 수 있어요!

◆ 토끼를 만들 수 있어요.
◆ 양을 만들고 배경 속성을 지정할 수 있어요.

토끼와 양을 만들어요

동물마다 특징이 있는데요. 토끼의 귀는 모서리가 둥근 직사각형 도형으로 표현할 수 있고, 양의 몸통과 양털이 있는 머리 부분은 구름 도형으로 표현할 수 있답니다. 그럼, 이번 시간에는 토끼를 만드는 방법과 양을 만들고 배경 속성을 지정하는 방법에 대해 알아볼게요.

❂ 예제 파일 : 없음   ❂ 완성 파일 : 8차시\토끼와 양_완성.show

도형을 삽입하고 개체 속성을 지정하여 토끼를 만들어요.

도형을 삽입하고 선 색, 채우기 색, 도형 효과를 지정하여 양을 만들어요.

배경 속성을 지정해요.

1 토끼 만들기

01 새 프레젠테이션을 만든 후 레이아웃(빈 화면)을 변경해요.

02 레이아웃이 변경되면 다음과 같이 도형(모서리가 둥근 직사각형(▢))을 삽입한 후 도형의 모양을 변경하기 위해 도형의 모양 조절점(◆)을 드래그해요.

03 도형의 모양이 변경되면 도형의 개체 속성을 지정하기 위해 도형의 바로 가기 메뉴에서 〔개체 속성〕을 클릭해요.

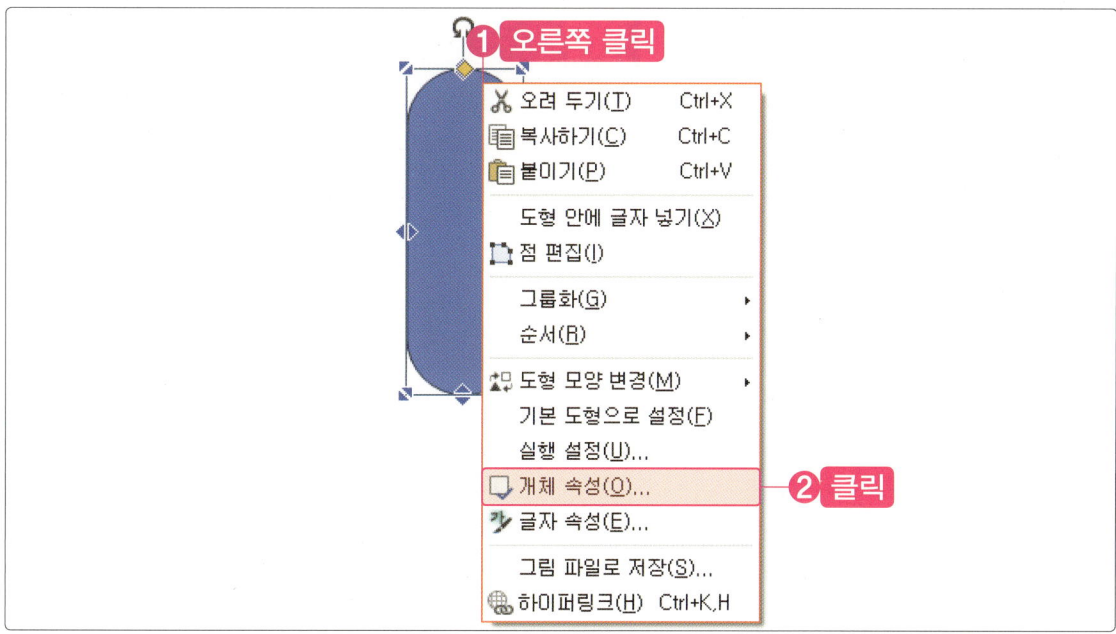

Lesson 08 • 토끼와 양을 만들어요. 49

04 〔개체 속성〕 대화상자가 나타나면 〔채우기〕 탭에서 종류(단색)를 선택한 후 색(하양)을 선택한 다음 〔선〕 탭을 클릭해요. 그런 다음 〔개체 속성〕 대화상자의 〔선〕 탭이 나타나면 굵기(30)를 입력한 후 선 색(단색)을 선택한 다음 〔색〕을 클릭하고 〔다른 색〕을 클릭해요.

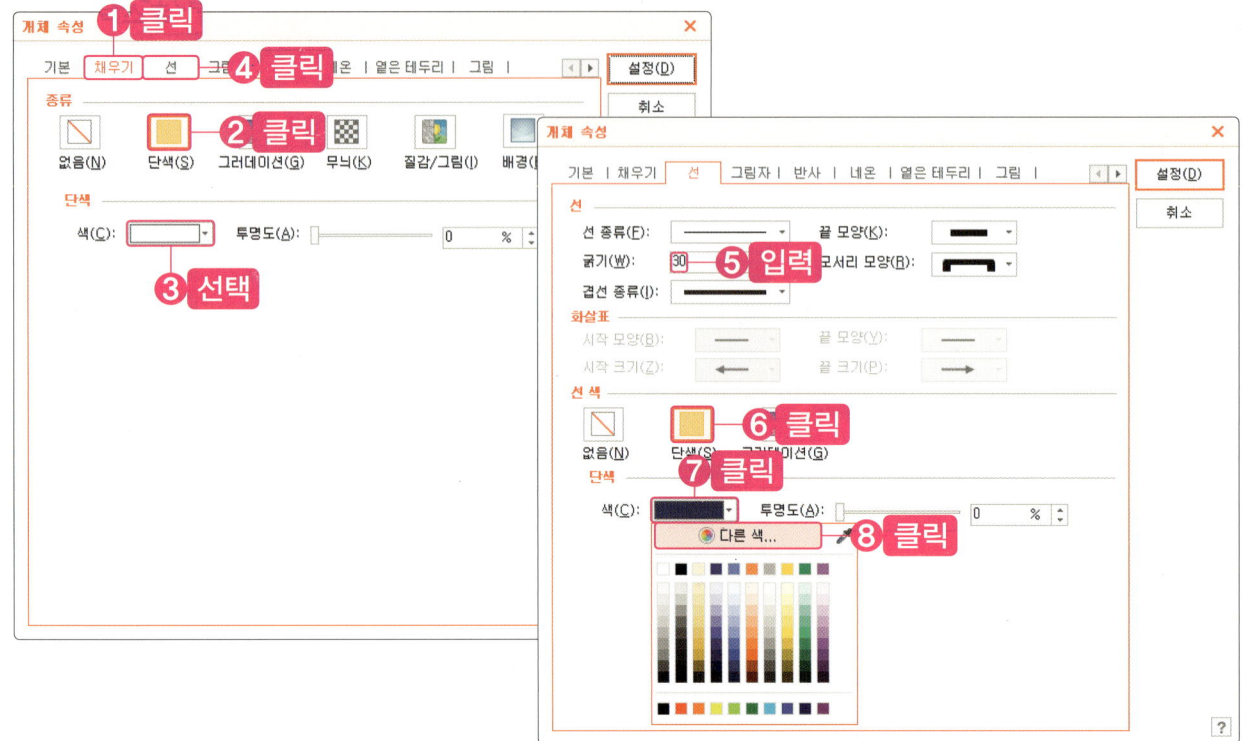

05 〔색〕 대화상자가 나타나면 〔팔레트〕 탭에서 RGB(빨강(255), 초록(204), 파랑(255))를 입력한 후 〔설정〕 단추를 클릭해요.

RGB는 빛의 3원색인 빨간색, 초록색, 파란색을 섞어 색을 나타내는 방식을 말하는데요. 빨간색, 초록색, 파란색은 각각 256단계(0단계부터 255단계까지)의 색을 나타낼 수 있고, 'RGB(255,204,255)'와 같이 'RGB(빨간색 단계,초록색 단계,파란색 단계)' 형식으로 나타내요.

06 〔개체 속성〕 대화상자의 〔선〕 탭이 다시 나타나면 〔설정〕 단추를 클릭해요.

07 도형의 개체 속성이 지정되면 다음과 같이 도형을 회전해요. 그런 다음 도형을 복사한 후 회전해요.

08 도형이 회전되면 다음과 같이 도형을 삽입한 후 선 색과 채우기 색을 지정하여 토끼를 만들어요.
- 얼굴 : 도형 모양(타원(○)), 선 색(선 없음), 채우기 색(다른 색/RGB(255,204,255))
- 입 : 도형 모양(곱셈 기호(✕)), 선 색(선 없음), 채우기 색(검정)
- 눈 : 도형 모양(타원(○)), 선 색(선 없음), 채우기 색(검정)

> 도형을 선택한 후 [도형] 정황 탭에서 [채우기 색]의 [목록] 단추를 클릭한 다음 [다른 색]을 클릭하면 [색] 대화상자가 나타나는데요. [색] 대화상자의 [팔레트] 탭에서 RGB를 입력한 후 [설정] 단추를 클릭하면 도형의 채우기 색을 지정할 수 있어요.

09 토끼를 그룹화하기 위해 토끼를 드래그하여 선택한 후 [도형] 정황 탭에서 [그룹]을 클릭한 다음 [개체 묶기]를 클릭해요.

10 토끼가 그룹화돼요.

양 만들고 배경 속성 지정하기

01 슬라이드를 추가하기 위해 〔편집〕 탭에서 〔새 슬라이드〕를 클릭해요.

02 슬라이드가 추가되면 다음과 같이 도형을 삽입한 후 선 색과 채우기 색을 지정해요.
- 첫 번째 도형 : 도형 모양(직사각형(□)), 선 색(선 없음), 채우기 색(주황 40% 밝게)
- 두 번째 도형 : 도형 모양(직사각형(□)), 선 색(선 없음), 채우기 색(검정)

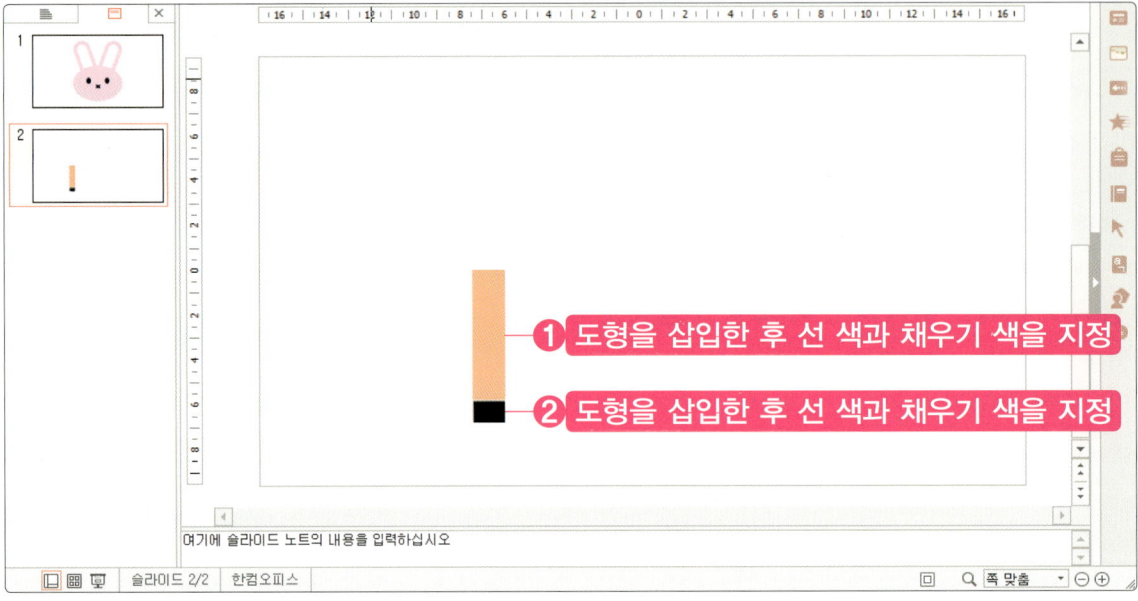

03 그림자 도형 효과를 지정하기 위해 첫 번째 도형을 선택한 후 〔도형(📷)〕 정황 탭에서 〔도형 효과〕를 클릭한 다음 〔그림자〕-〔안쪽\가운데(□)〕를 클릭해요.

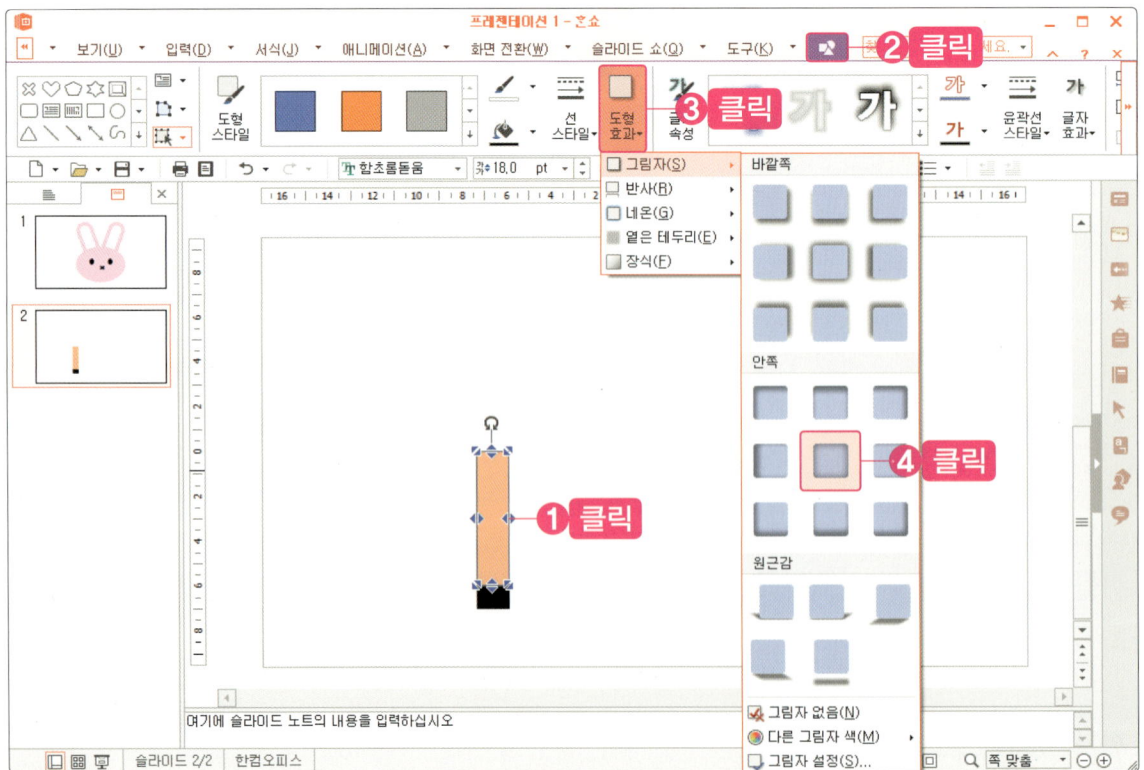

04 양의 다리를 그룹화하기 위해 양의 다리를 드래그하여 선택한 후 [도형(　)] 정황 탭에서 [그룹]을 클릭한 다음 [개체 묶기]를 클릭해요.

05 양의 다리가 그룹화되면 다음과 같이 양의 다리를 회전해요. 그런 다음 양의 다리를 3개 복사한 후 회전한 다음 위치를 조절하여 배치해요.

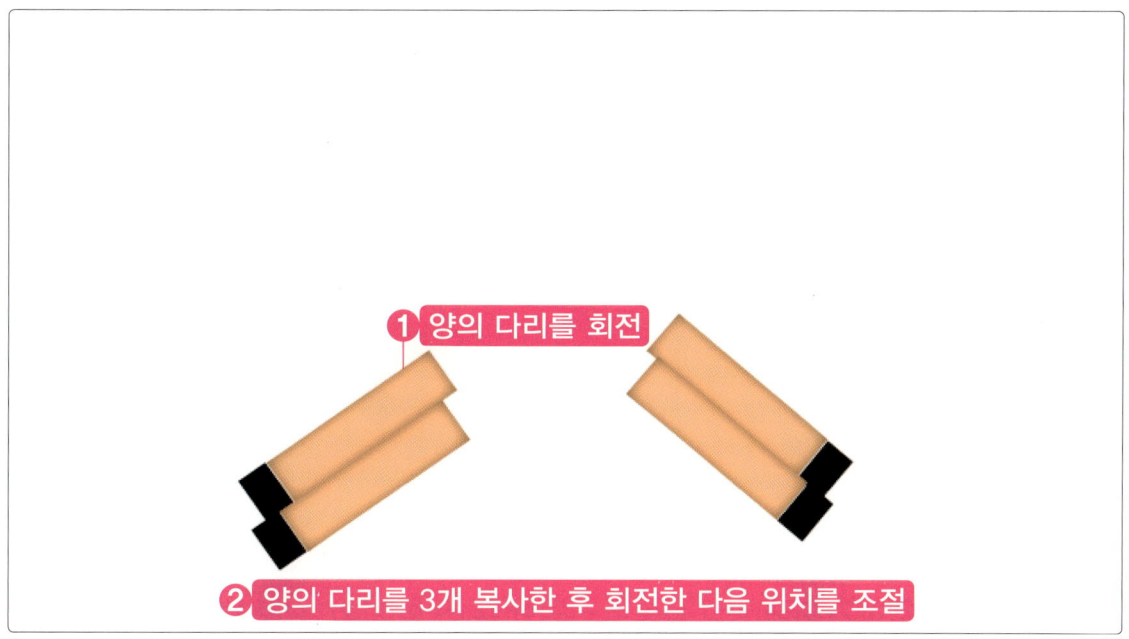

06 다음과 같이 도형을 삽입한 후 선 색, 채우기 색, 그림자 도형 효과를 지정한 다음 회전하여 양의 머리를 만들어요.

- 얼굴 : 도형 모양(순서도: 지연(　)), 선 색(선 없음), 채우기 색(주황 40% 밝게), 그림자 도형 효과(안쪽\가운데(　))
- 눈의 흰색 부분 : 도형 모양(타원(○)), 선 색(선 없음), 채우기 색(하양), 그림자 도형 효과(안쪽\가운데(　))
- 눈의 검은색 부분 : 도형 모양(타원(○)), 선 색(선 없음), 채우기 색(검정)

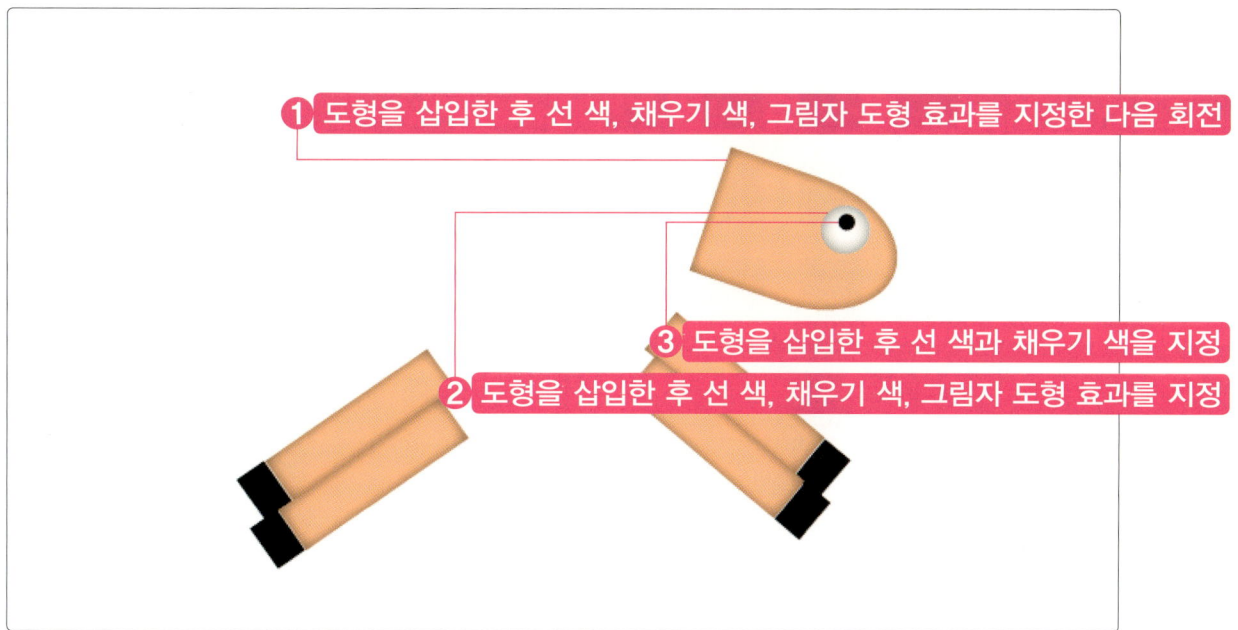

Lesson 08 • 토끼와 양을 만들어요. 53

07 다음과 같이 도형을 삽입한 후 선 색, 채우기 색, 그림자 도형 효과를 지정하여 양의 몸통을 만들어요.

• **몸통** : 도형 모양(구름(☁)), 선 색(선 없음), 채우기 색(하양), 그림자 도형 효과(안쪽\가운데(■))

08 장식 도형 효과를 지정하기 위해 양의 몸통을 선택한 후 [도형( )] 정황 탭에서 [도형 효과]를 클릭한 다음 [장식]-[기본 장식31(■)]을 클릭해요.

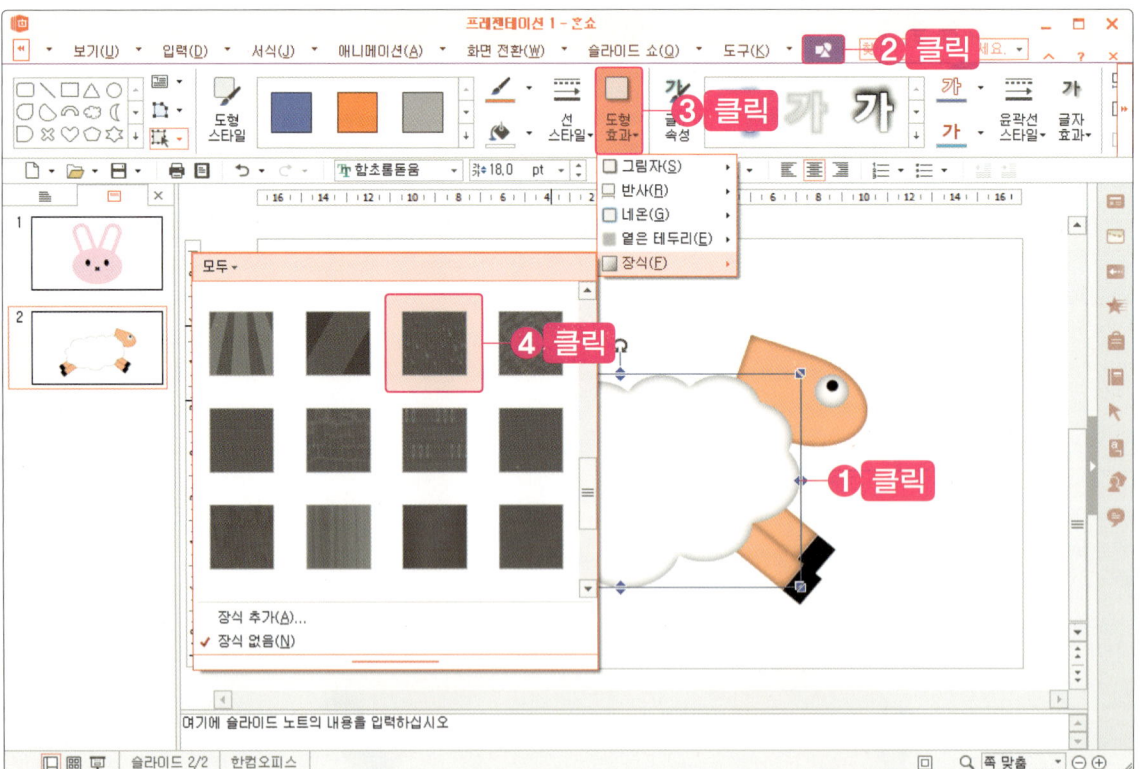

09 장식 도형 효과가 지정되면 다음과 같이 양의 몸통을 복사한 후 회전한 다음 크기를 조절하여 양 털이 있는 머리 부분을 만들어요.

10 양을 그룹화하기 위해 양을 드래그하여 선택한 후 〔도형( )〕 정황 탭에서 〔그룹〕을 클릭한 다음 〔개체 묶기〕를 클릭해요.

11 양이 그룹화되면 배경 속성을 지정하기 위해 슬라이드의 바로 가기 메뉴에서 〔배경 속성〕을 클릭해요.

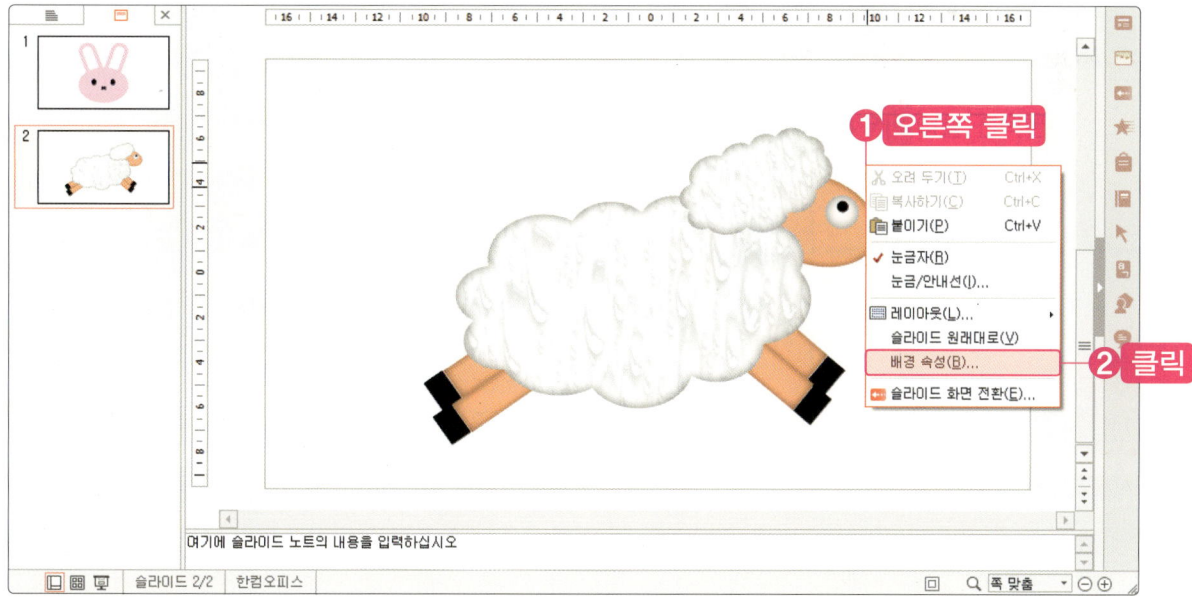

Lesson 08 • 토끼와 양을 만들어요. 55

12 〔배경 속성〕 대화상자가 나타나면 〔채우기〕 탭에서 종류(질감/그림)를 선택한 후 질감(잔디( ))을 선택한 다음 〔모두 적용〕 단추를 클릭해요.

13 다음과 같이 배경 속성이 지정돼요.

1 다음과 같이 '동물.show' 파일을 연 후 도형을 사용하여 동물을 만들어 보세요.

- 예제 파일 : 8차시\동물.show
- 완성 파일 : 8차시\동물_완성.show
- 도형을 사용하여 동물을 만듦
  - 지정하고 싶은 선 색, 채우기 색, 선 굵기를 지정

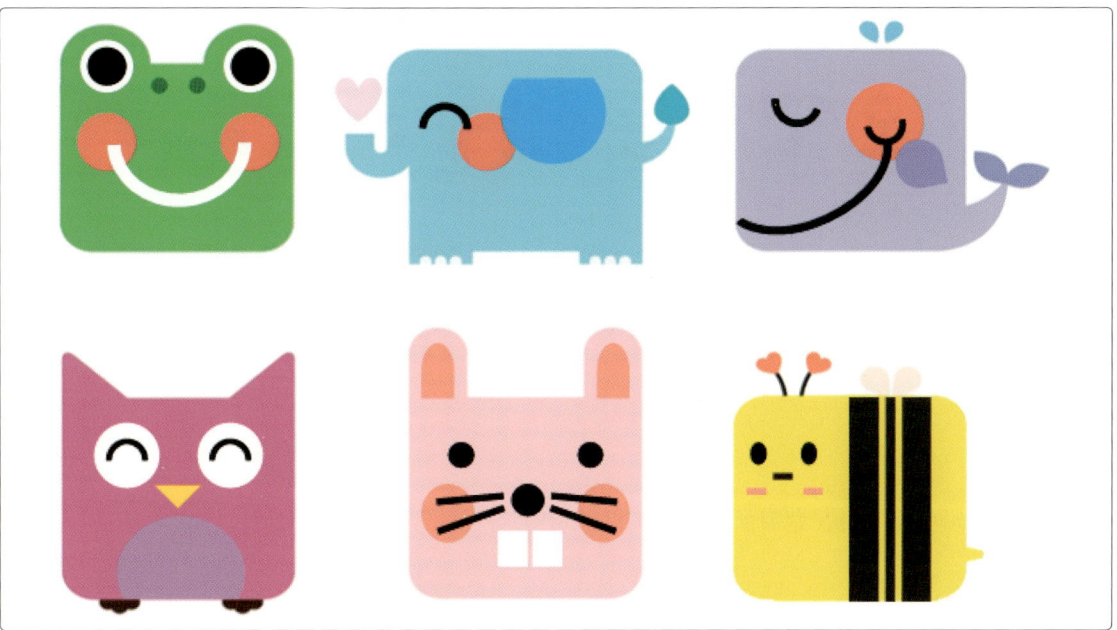

2 다음과 같이 배경 속성을 지정해 보세요.

- 배경 속성 : 채우기 종류(질감/그림), 질감(나무 무늬)

Lesson 08 • 토끼와 양을 만들어요. 57

Lesson 09

배울 수 있어요!
◆ 딸기를 만들 수 있어요.
◆ 오렌지를 만들 수 있어요.

딸기와 오렌지를 만들어요

그러데이션은 점진적으로 한 색에서 다른 색으로 변해 가는 것을 말하는데요. 그러데이션을 지정하면 딸기나 오렌지 등을 입체감 있게 만들 수 있답니다. 그럼, 이번 시간에는 딸기를 만드는 방법과 오렌지를 만드는 방법에 대해 알아볼게요.

✿ 예제 파일 : 9차시\딸기와 오렌지.show   ✿ 완성 파일 : 9차시\딸기와 오렌지_완성.show

> 도형을 복사하고 그러데이션을 지정하여 딸기를 만들어요.

> 도형을 복사하고 그러데이션을 지정하여 오렌지를 만들어요.

 딸기 만들기

01 다음과 같이 '딸기와 오렌지.show' 파일을 연 후 도형( )을 복사한 다음 그러데이션을 지정하기 위해 〔도형( )〕 정황 탭에서 〔채우기 색( )〕의 〔목록(▼)〕 단추를 클릭하고 〔그러데이션〕-〔어두운 그러데이션\선형 왼쪽 위에서( )〕를 클릭해요.

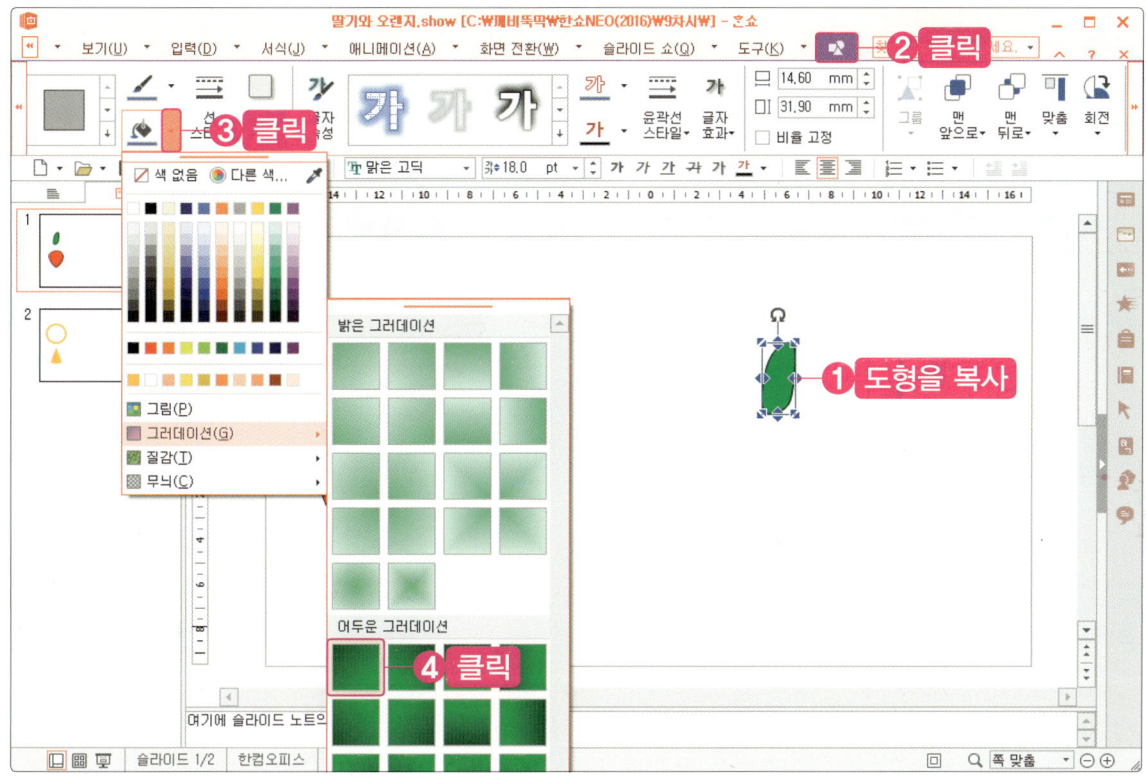

02 도형에 그러데이션이 지정되면 다음과 같이 도형을 2개 복사한 후 회전한 다음 위치를 조절하여 딸기 꼭지를 만들어요.

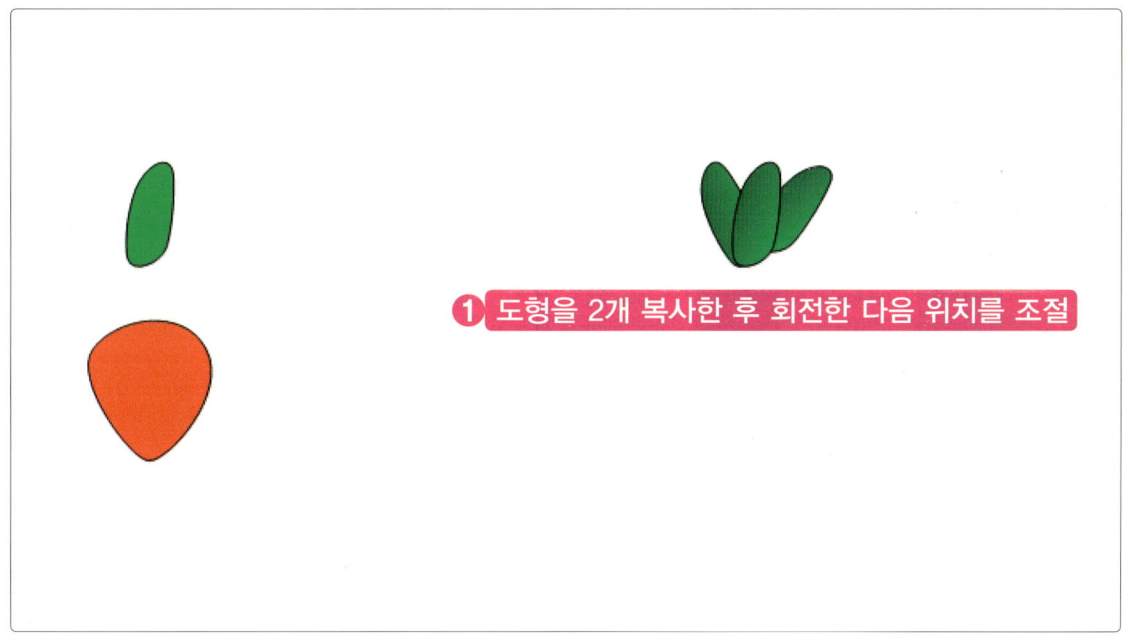

Lesson 09 • 딸기와 오렌지를 만들어요. 59

03 다음과 같이 도형(●)을 복사한 후 크기를 조절한 다음 그러데이션을 지정하기 위해 〔도형( )〕 정황 탭에서 〔채우기 색( )〕의 〔목록(▼)〕 단추를 클릭하고 〔그러데이션〕-〔어두운 그러데이션\선형 오른쪽 아래에서(■)〕를 클릭해요.

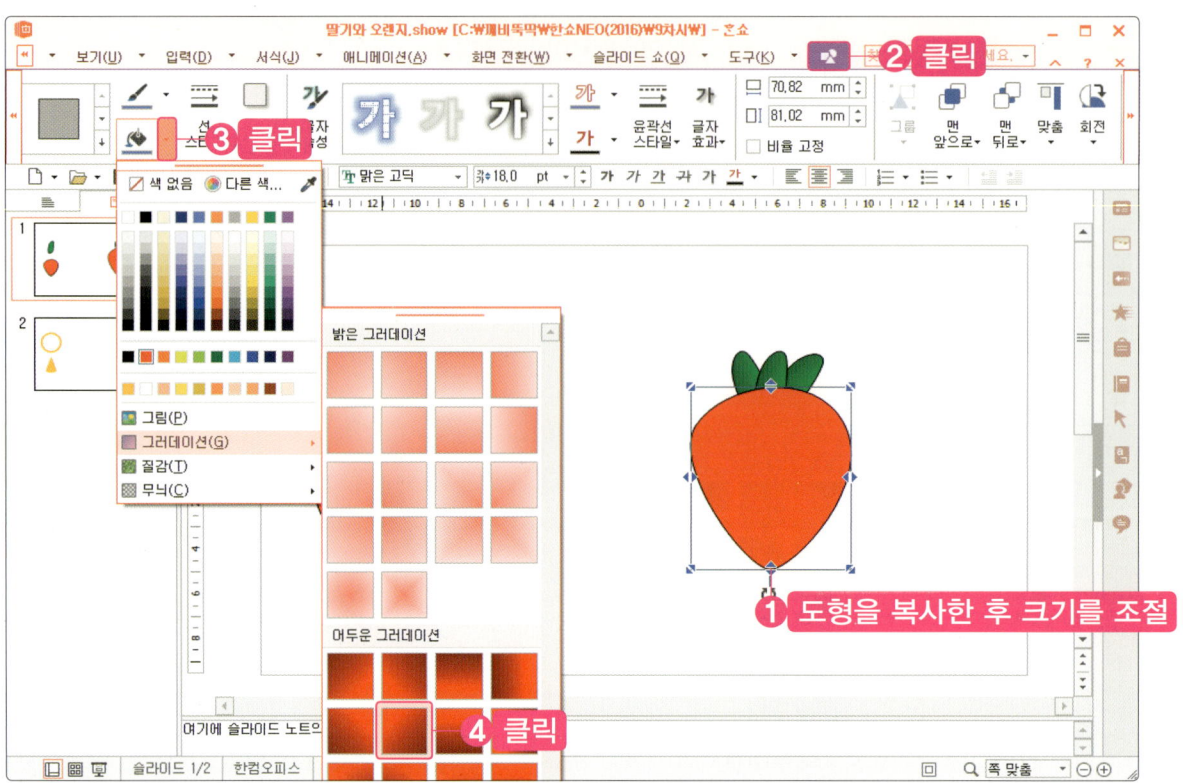

04 도형에 그러데이션이 지정되면 다음과 같이 도형을 삽입한 후 선 색과 채우기 색을 지정해요. 그런 다음 도형을 9개 복사한 후 위치를 조절하여 큰 딸기를 만들어요.

- 도형 : 도형 모양(타원(○)), 선 색(선 없음), 채우기 색(검정)

05 큰 딸기를 그룹화하기 위해 큰 딸기를 드래그하여 선택한 후 〔도형( )〕 정황 탭에서 〔그룹〕을 클릭한 다음 〔개체 묶기〕를 클릭해요.

06 큰 딸기가 그룹화되면 다음과 같이 큰 딸기를 회전해요. 그런 다음 큰 딸기를 복사한 후 회전한 다음 크기를 조절하여 작은 딸기를 만들어요.

07 딸기(큰 딸기와 작은 딸기)를 그룹화하기 위해 딸기를 드래그하여 선택한 후 [도형( )] 정황 탭에서 [그룹]을 클릭한 다음 [개체 묶기]를 클릭해요.

08 딸기가 그룹화되면 딸기를 그림 파일로 저장하기 위해 딸기의 바로 가기 메뉴에서 [그림 파일로 저장]을 클릭해요.

09 [그림으로 저장하기] 대화상자가 나타나면 저장 위치(라이브러리\문서)를 선택한 후 파일 이름(딸기)을 입력한 다음 [저장] 단추를 클릭해요.

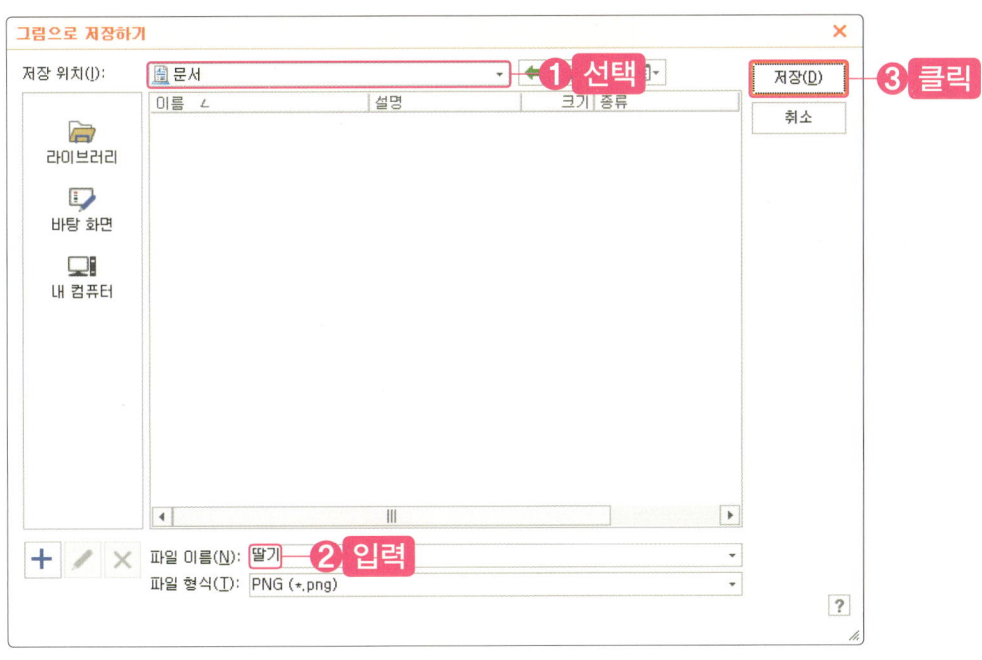

10 딸기가 그림 파일로 저장돼요.

 ## 2 오렌지 만들기

01 〔슬라이드〕 탭에서 2번 슬라이드를 선택해요.

02 다음과 같이 도형(◯)을 복사한 후 크기를 조절해요.

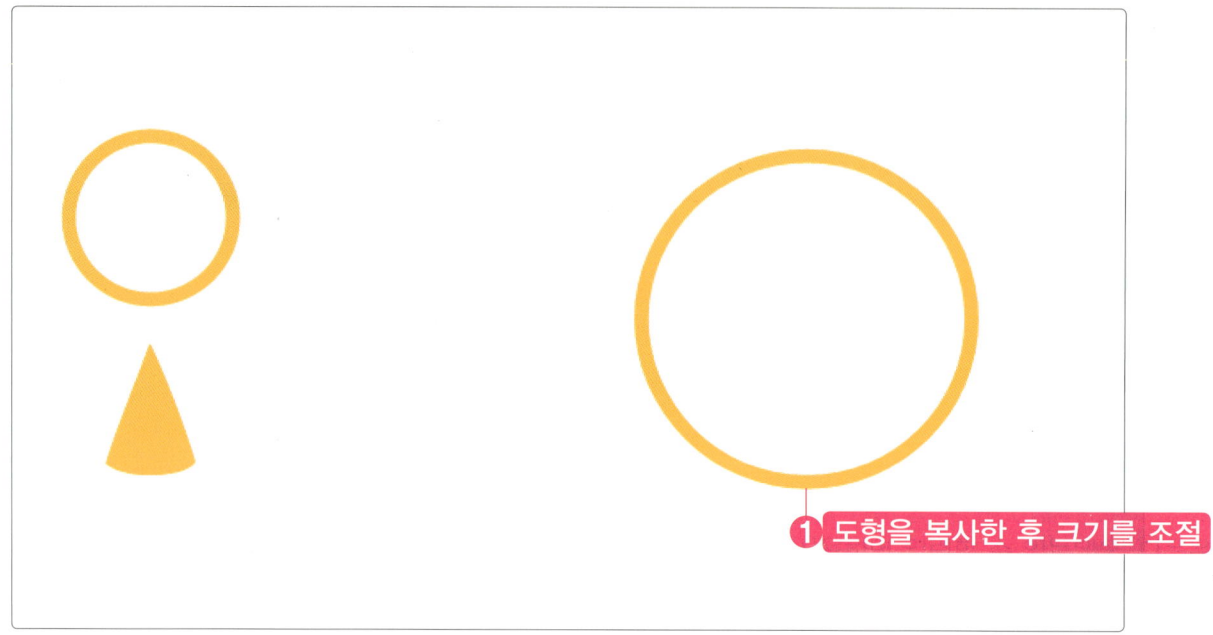

03 다음과 같이 도형(▲)을 복사한 후 그러데이션을 지정하기 위해 도형의 바로 가기 메뉴에서 〔개체 속성〕을 클릭해요.

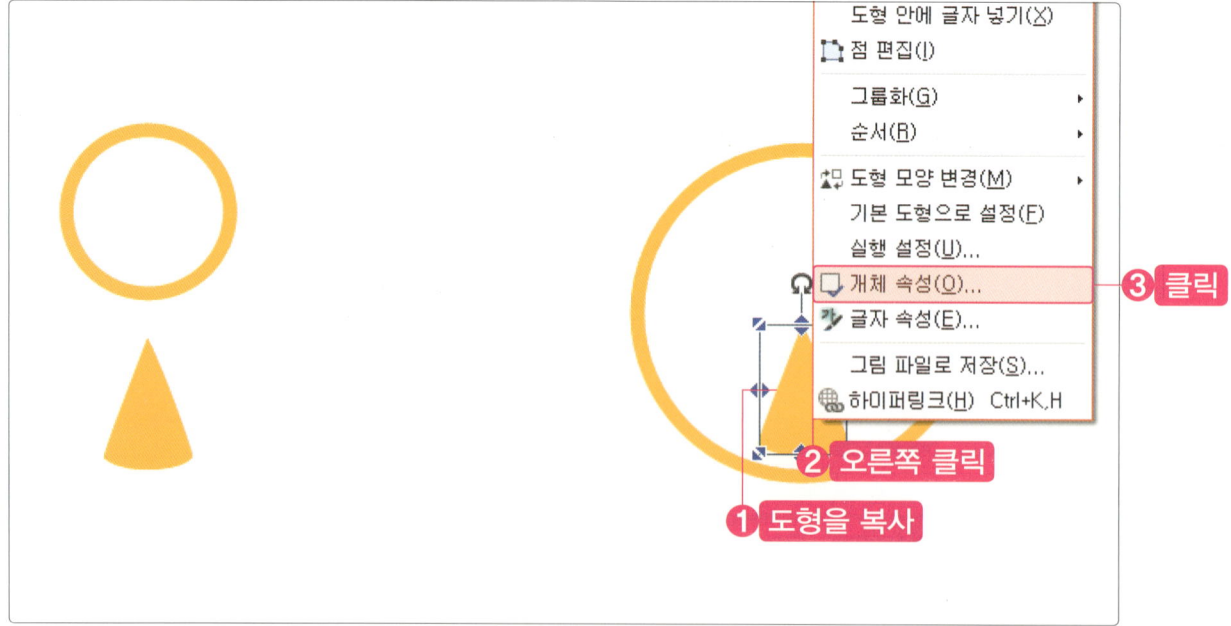

04 〔개체 속성〕 대화상자가 나타나면 〔채우기〕 탭에서 종류(그러데이션)를 선택한 후 중지점(중지점1)을 선택한 다음 색(하양)을 선택해요. 그런 다음 다시 중지점(중지점2)을 선택한 후 〔색〕을 클릭한 다음 〔다른 색〕을 클릭해요.

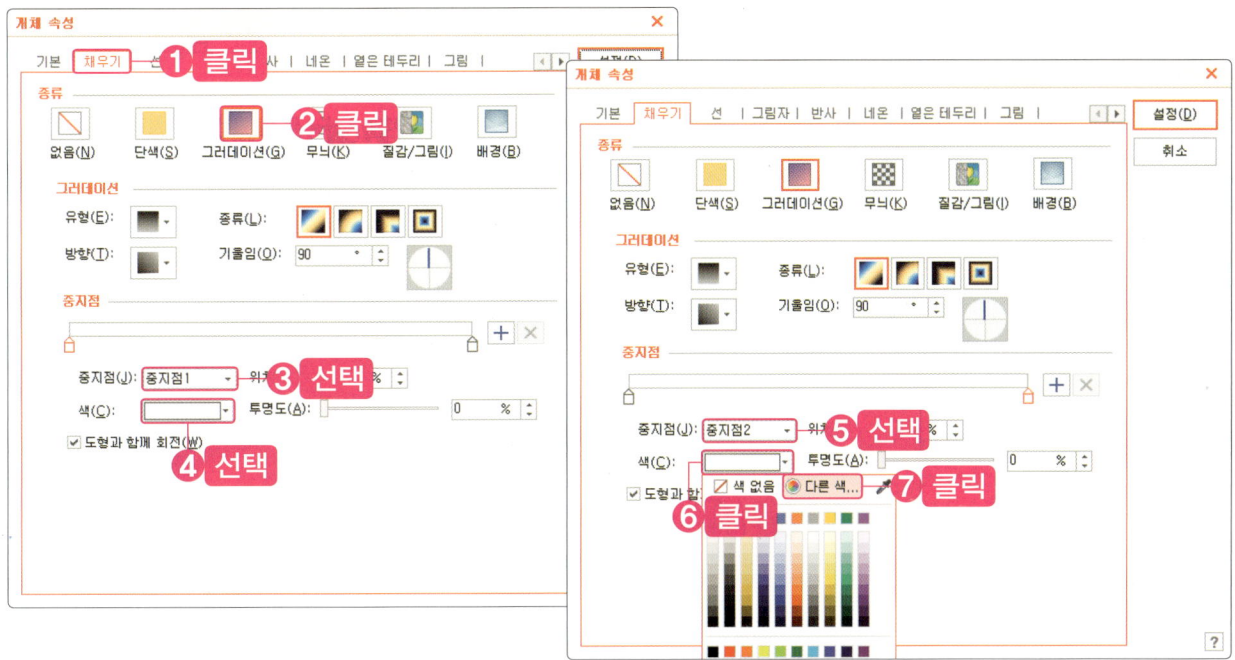

05 〔색〕 대화상자가 나타나면 〔팔레트〕 탭에서 RGB(빨강(255), 초록(192), 파랑(0))를 입력한 후 〔설정〕 단추를 클릭해요.

06 〔개체 속성〕 대화상자의 〔채우기〕 탭이 다시 나타나면 그러데이션 종류(선형(■))를 선택한 후 그러데이션 방향(위쪽에서(■))을 선택한 다음 〔설정〕 단추를 클릭해요.

Lesson 09 • 딸기와 오렌지를 만들어요. 63

07 도형에 그러데이션이 지정되면 다음과 같이 도형을 7개 복사한 후 회전한 다음 위치를 조절하여 오렌지를 만들어요.

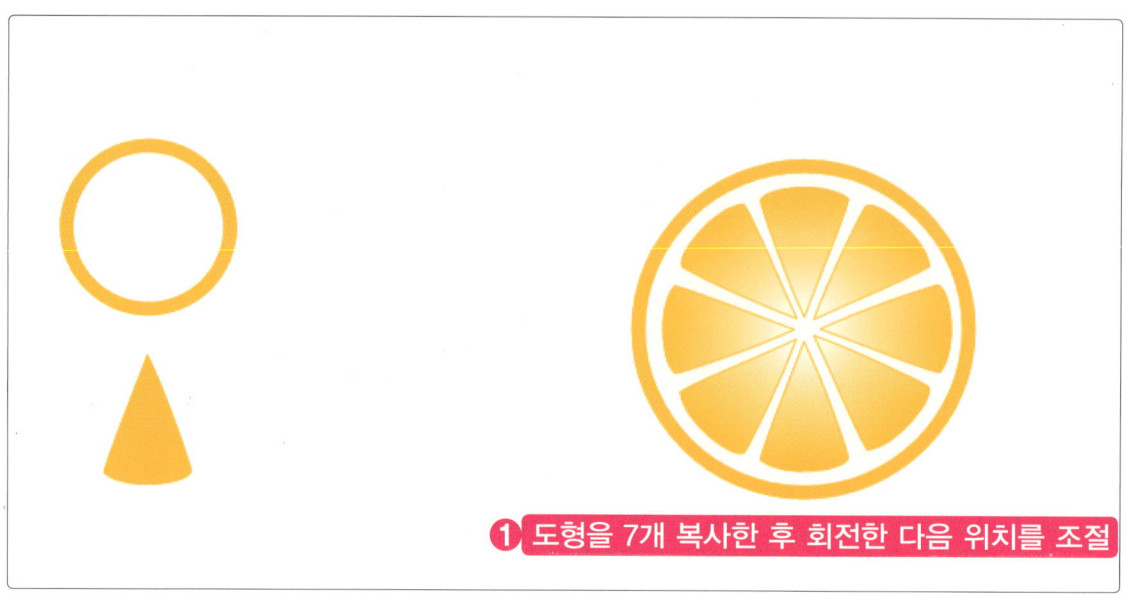

① 도형을 7개 복사한 후 회전한 다음 위치를 조절

08 오렌지를 그룹화하기 위해 오렌지를 드래그하여 선택한 후 〔도형( )〕 정황 탭에서 〔그룹〕을 클릭한 다음 〔개체 묶기〕를 클릭해요.

09 오렌지가 그룹화되면 오렌지를 그림 파일로 저장하기 위해 오렌지의 바로 가기 메뉴에서 〔그림 파일로 저장〕을 클릭해요.

10 〔그림으로 저장하기〕 대화상자가 나타나면 저장 위치(라이브러리\문서)를 선택한 후 파일 이름(오렌지)을 입력한 다음 〔저장〕 단추를 클릭해요.

11 오렌지가 그림 파일로 저장돼요.

1 다음과 같이 '케이크.show' 파일을 연 후 도형과 그림을 복사하여 케이크를 만들어 보세요.

- 예제 파일 : 9차시\케이크.show
- 완성 파일 : 9차시\케이크_완성.show
- 슬라이드에 있는 도형과 그림을 복사하여 케이크를 만듦
  - 겉불꽃 : 채우기 색(노랑 20% 밝게)

2 다음과 같이 속불꽃에 그러데이션을 지정한 후 케이크를 그림 파일로 저장해 보세요.

- 속불꽃에 그러데이션을 지정한 후 케이크를 그룹화
  - 속불꽃 : 채우기 색(그러데이션(어두운 그러데이션\방사형 – 가운데(■)))
- 케이크를 그림 파일로 저장 : 저장 위치(라이브러리\문서), 파일 이름(케이크)

Lesson 09 • 딸기와 오렌지를 만들어요.

Lesson 10

배울 수 있어요!

◆ 무당벌레를 만들 수 있어요.
◆ 달팽이를 만들 수 있어요.

무당벌레와 달팽이를 만들어요.

도형이나 그림은 좌우나 상하로 대칭시킬 수 있는데요. 도형이나 그림을 좌우로 대칭시키면 도형이나 그림의 좌우가 뒤집어서 나타나고, 상하로 대칭시키면 도형이나 그림의 상하가 뒤집어서 나타난답니다. 그럼, 이번 시간에는 무당벌레를 만드는 방법과 달팽이를 만드는 방법에 대해 알아볼게요.

🌸 예제 파일 : 10차시\무당벌레와 달팽이.show   🌸 완성 파일 : 10차시\무당벌레와 달팽이_완성.show

도형과 그림을 복사하고 좌우로 대칭시켜 무당벌레를 만들어요.

도형과 그림을 복사하고 좌우로 대칭시켜 달팽이를 만들어요.

1 무당벌레 만들기

01 다음과 같이 '무당벌레와 달팽이.show' 파일을 연 후 그림(🐞)을 복사한 다음 크기를 조절해요. 그런 다음 도형(●)을 복사한 후 크기를 조절해요.

❷ 도형을 복사한 후 크기를 조절
❶ 그림을 복사한 후 크기를 조절

02 다음과 같이 그림(🐞)을 복사해요. 그런 다음 그림(🐞)을 1개 더 복사한 후 좌우로 대칭시키기 위해 〔그림( )〕 정황 탭에서 〔회전〕을 클릭한 다음 〔좌우 대칭〕을 클릭해요.

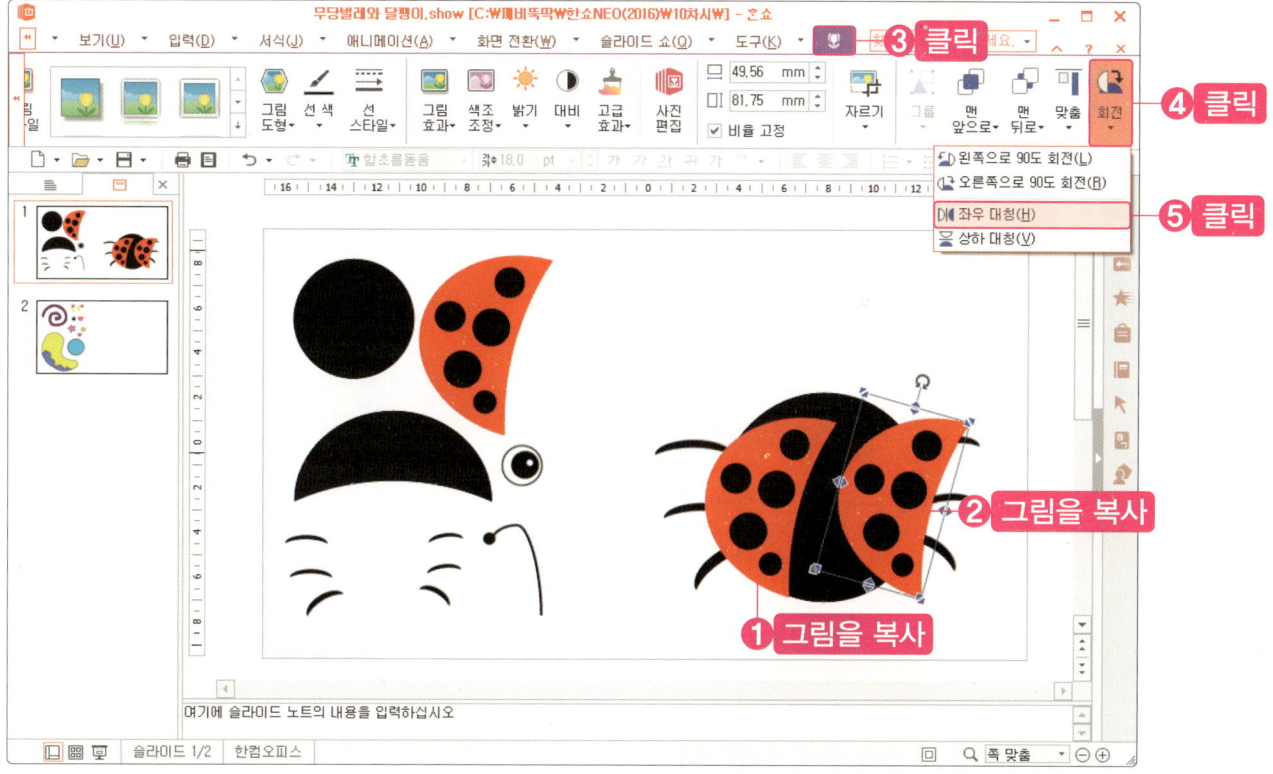

❸ 클릭
❹ 클릭
❺ 클릭
❷ 그림을 복사
❶ 그림을 복사

Lesson 10 • 무당벌레와 달팽이를 만들어요.

03 그림이 좌우로 대칭되면 다음과 같이 도형과 그림을 복사하여 무당벌레를 만들어요.

무당벌레의 한쪽 눈과 더듬이는 다른쪽 눈과 더듬이를 복사한 후 좌우로 대칭시켜 만들어요.

04 무당벌레를 그룹화하기 위해 다음과 같이 무당벌레를 드래그하여 선택한 후 [그림( )] 정황 탭에서 [그룹]을 클릭한 다음 [개체 묶기]를 클릭해요.

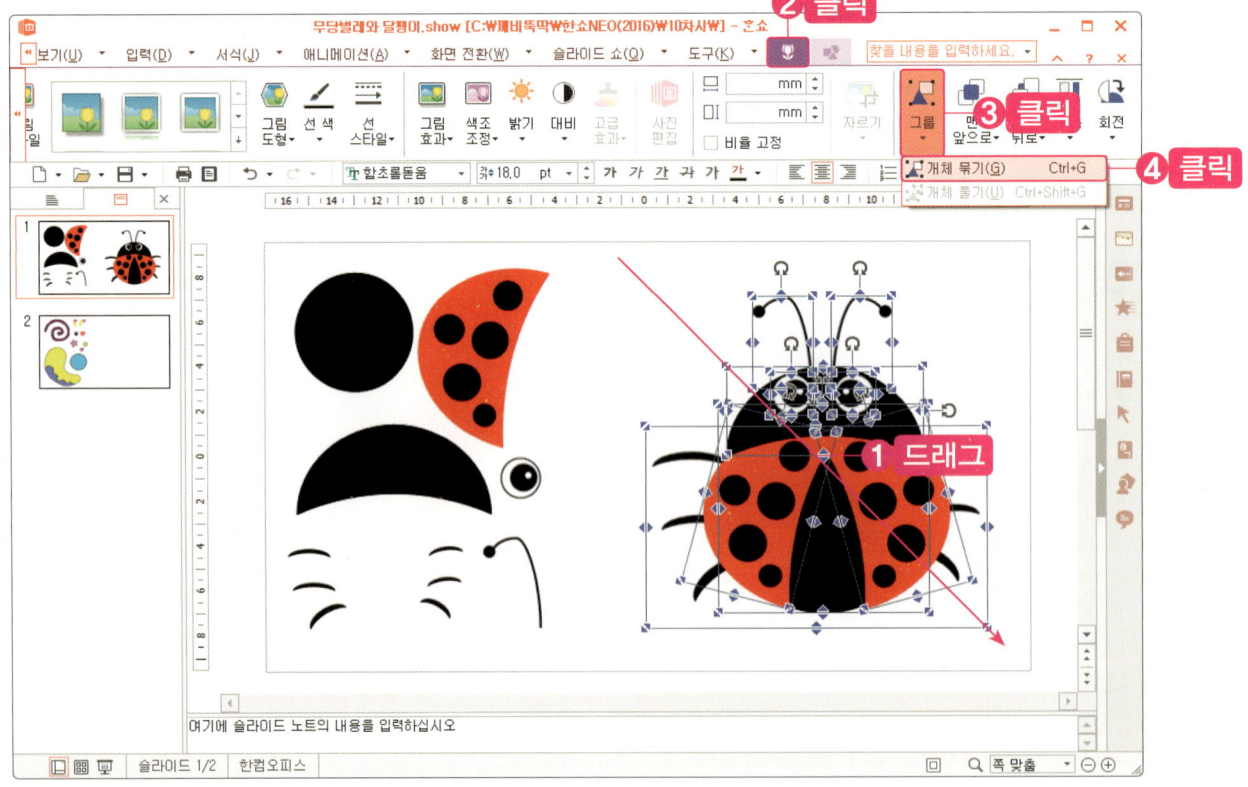

05 무당벌레가 그룹화돼요.

2 달팽이 만들기

01 〔슬라이드〕 탭에서 2번 슬라이드를 선택해요.

02 다음과 같이 도형(🔵)을 복사한 후 크기를 조절해요. 그런 다음 그림(🌙)을 복사해요.

03 다음과 같이 그림(◉)을 복사해요. 그런 다음 그림(◉)을 1개 더 복사한 후 좌우로 대칭시키기 위해〔그림( )〕정황 탭에서〔회전〕을 클릭한 다음〔좌우 대칭〕을 클릭해요.

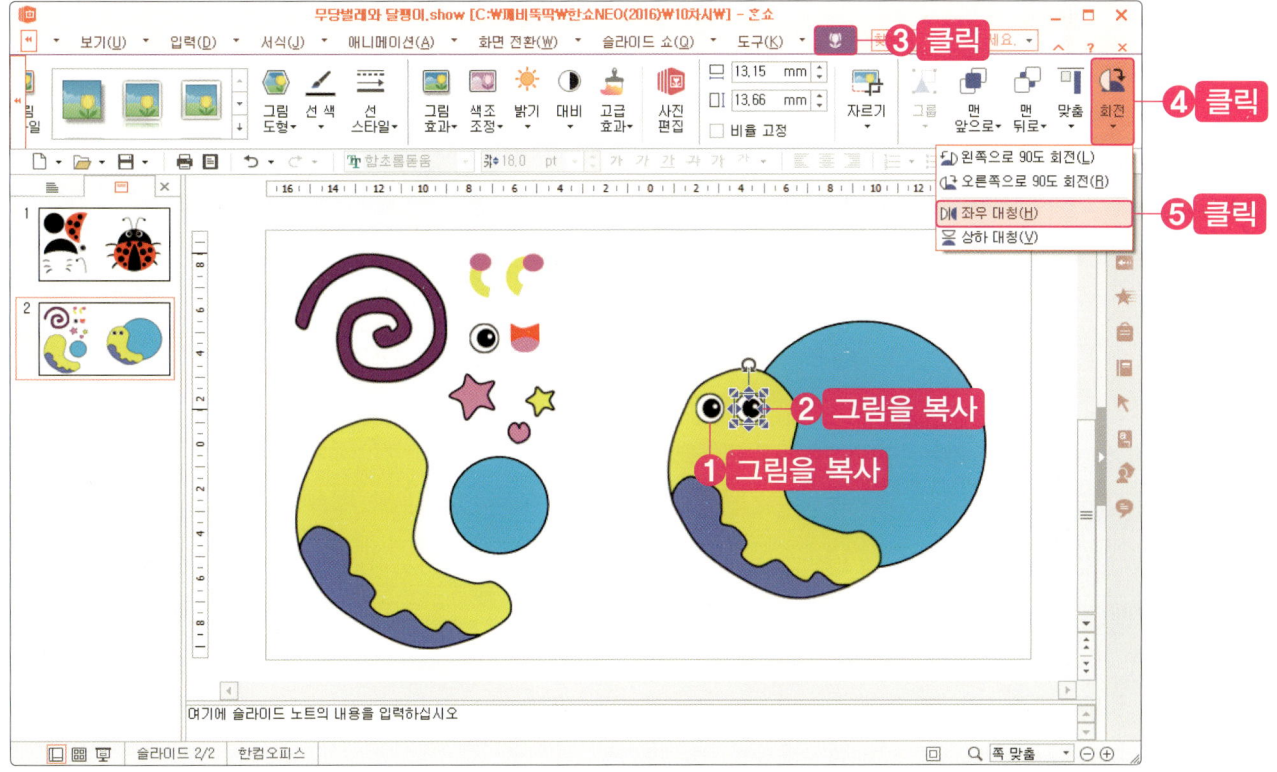

Lesson 10 • 무당벌레와 달팽이를 만들어요. 69

04 그림이 좌우로 대칭되면 다음과 같이 그림을 복사하여 달팽이를 만들어요.

05 달팽이를 그룹화하기 위해 다음과 같이 달팽이를 드래그하여 선택한 후 [그림( )] 정황 탭에서 [그룹]을 클릭한 다음 [개체 묶기]를 클릭해요.

06 달팽이가 그룹화돼요.

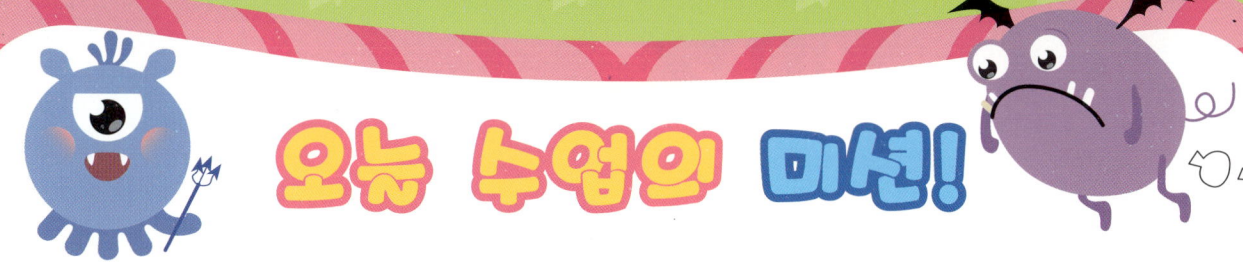

① 다음과 같이 새 프레젠테이션을 만든 후 레이아웃(빈 화면)을 변경한 다음 도형을 사용하여 곰을 만들어 보세요.

- 예제 파일 : 없음   ■ 완성 파일 : 10차시\곰_완성.show
- 도형(타원(○))을 사용하여 곰을 만든 후 곰을 그룹화
    · 지정하고 싶은 선 색, 채우기 색, 선 굵기를 지정
    · 곰의 한쪽 눈은 다른 쪽 눈을 복사한 후 좌우로 대칭시켜 만듦

② 다음과 같이 새 프레젠테이션을 만든 후 레이아웃(빈 화면)을 변경한 다음 도형을 사용하여 개구리를 만들어 보세요.

- 예제 파일 : 없음   ■ 완성 파일 : 10차시\개구리_완성.show
- 도형(타원(○))을 사용하여 개구리를 만든 후 개구리를 그룹화
    · 지정하고 싶은 선 색, 채우기 색, 선 굵기를 지정
    · 개구리의 한쪽 눈은 다른 쪽 눈을 복사한 후 좌우로 대칭시켜 만듦

Lesson 11

배울 수 있어요!
◆ 색조를 지정할 수 있어요.
◆ 밝기와 대비를 지정할 수 있어요.

아이스크림을 만들어요.

색조는 색이 강하거나 약한 정도를 말하는데요. 한쇼에서는 그림을 회색조나 흑백 등으로 표현할 수 있는 기본 색조와 두 가지 색으로 표현할 수 있는 이중 톤 색조를 제공한답니다. 그럼, 이번 시간에는 색조를 지정하는 방법과 밝기와 대비를 지정하는 방법에 대해 알아볼게요.

⚙ 예제 파일 : 11차시\아이스크림.show   ⚙ 완성 파일 : 11차시\아이스크림_완성.show

- 그림을 복사하고 대비를 지정해요.
- 그림을 복사하고 밝기를 지정해요.
- 그림을 복사하고 색조를 지정해요.
- 좋아하는 토핑을 복사하고 위치를 조절하여 아이스크림을 만들어요.
- 아이스크림을 그룹화하고 그림 파일로 저장해요.

1 색조 지정하기

01 다음과 같이 '아이스크림.show' 파일을 연 후 그림()을 복사한 다음 색조를 지정하기 위해 〔그림()〕 정황 탭에서 〔색조 조정〕을 클릭하고 〔어두운 강조 색 6(■)〕을 클릭해요.

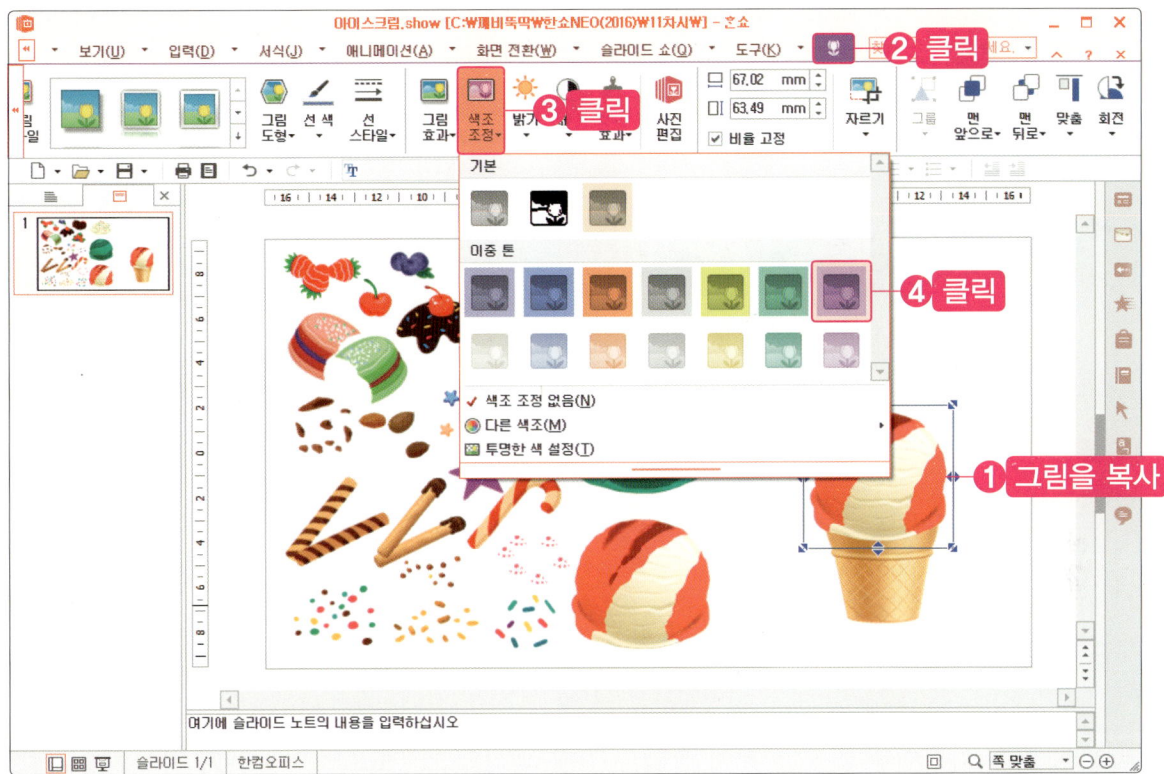

02 다음과 같이 그림에 색조가 지정돼요.

2 밝기와 대비 지정하기

01 다음과 같이 그림(●)을 복사한 후 밝기를 지정하기 위해 [그림( )] 정황 탭에서 [밝기]를 클릭한 다음 [+10%( )]를 클릭해요.

02 그림에 밝기가 지정되면 다음과 같이 그림( )을 복사한 후 대비를 지정하기 위해 [그림( )] 정황 탭에서 [대비]를 클릭한 다음 [+10%( )]를 클릭해요.

대비는 그림에서 어두운 부분과 밝은 부분 간의 차이를 말하는데요. 대비를 지정하면 그림을 선명하거나 희미하게 표현할 수 있어요.

03 그림에 대비가 지정되면 다음과 같이 좋아하는 토핑을 복사한 후 위치를 조절하여 아이스크림을 만들어요.

① 토핑을 복사한 후 위치를 조절

04 아이스크림을 그룹화하기 위해 다음과 같이 아이스크림을 드래그하여 선택한 후 [그림( )] 정황 탭에서 [그룹]을 클릭한 다음 [개체 묶기]를 클릭해요.

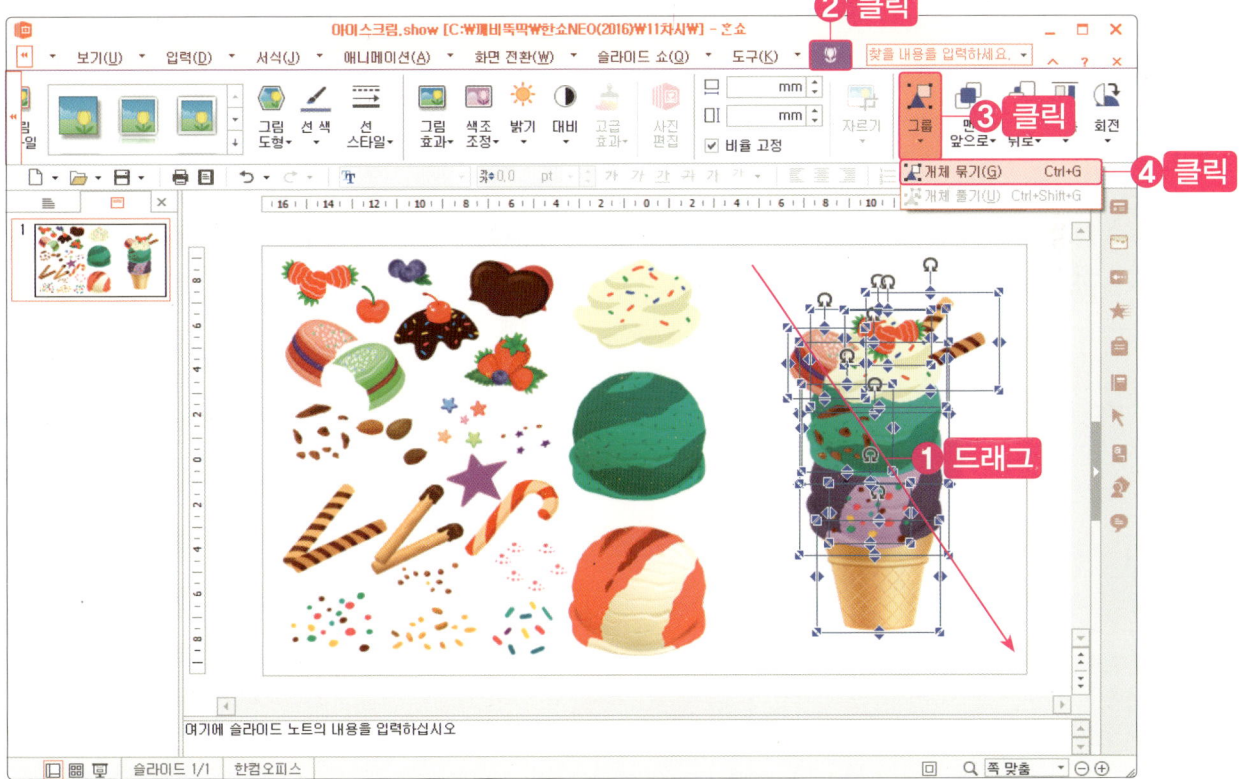

① 드래그
② 클릭
③ 클릭
④ 클릭

Lesson 11 • 아이스크림을 만들어요. 75

05 아이스크림이 그룹화되면 아이스크림을 그림 파일로 저장하기 위해 아이스크림의 바로 가기 메뉴에서 [그림 파일로 저장]을 클릭해요.

06 [그림으로 저장하기] 대화상자가 나타나면 저장 위치(라이브러리\문서)를 선택한 후 파일 이름(아이스크림)을 입력한 다음 [저장] 단추를 클릭해요.

07 아이스크림이 그림 파일로 저장돼요.

1 다음과 같이 '도넛.show' 파일을 연 후 그림을 복사하여 도넛을 만들어 보세요.

- 예제 파일 : 11차시\도넛.show
- 완성 파일 : 11차시\도넛_완성.show
- 슬라이드에 있는 그림을 복사하여 만들고 싶은 도넛을 만듦

2 다음과 같이 도넛에 색조, 밝기, 대비를 지정한 후 도넛을 그림 파일로 저장해 보세요.

- 도넛에 색조, 밝기, 대비를 지정한 후 도넛을 그룹화
  - 지정하고 싶은 색조, 밝기, 대비를 지정
- 도넛을 그림 파일로 저장 : 저장 위치(라이브러리\문서), 파일 이름(도넛)

Lesson 11 • 아이스크림을 만들어요.

Lesson 12

- 나무도마 접시를 만들 수 있어요.
- 김밥을 만들 수 있어요.
- 단무지를 만들고 배경 속성을 지정할 수 있어요.

김밥을 만들어요.

슬라이드 배경으로 지정한 질감이나 그림에도 색조, 밝기, 대비를 지정할 수 있는 데요. 질감이나 그림에 색조, 밝기, 대비를 지정하면 다른 느낌의 배경을 만들 수 있답니다. 그럼, 이번 시간에는 나무도마 접시를 만드는 방법, 김밥을 만드는 방법, 단무지를 만들고 배경 속성을 지정하는 방법에 대해 알아볼게요.

예제 파일 : 12차시\슬라이드 배경1.jpg   완성 파일 : 12차시\김밥_완성.show

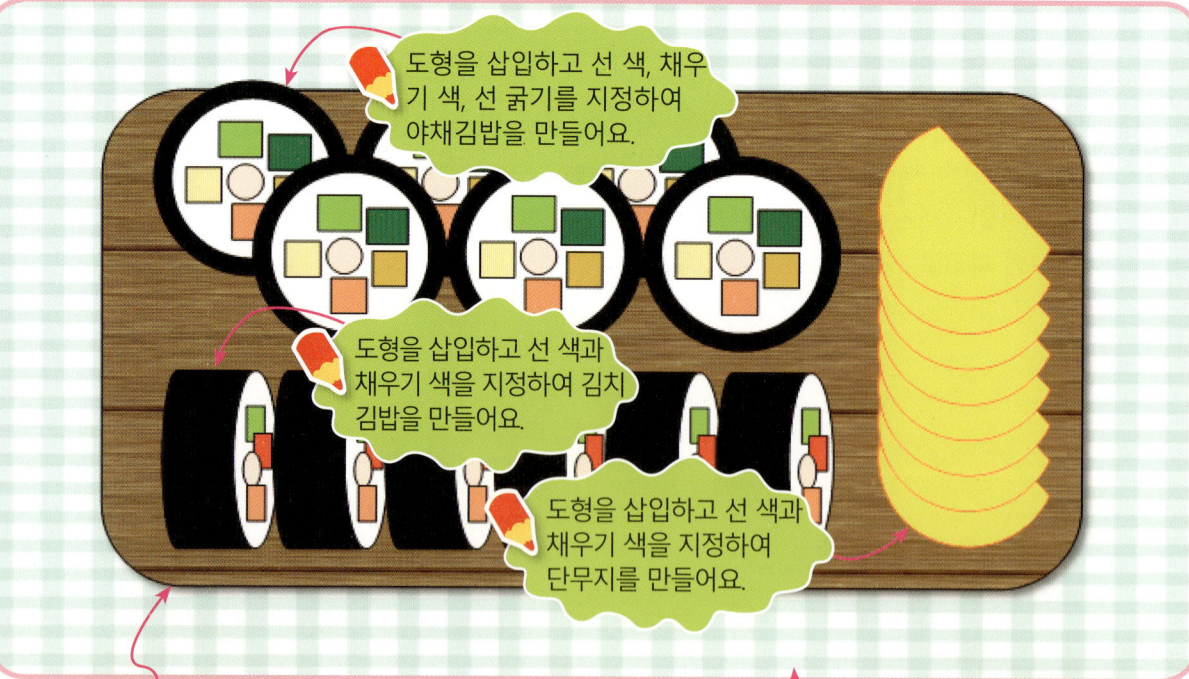

1 나무도마 접시 만들기

01 새 프레젠테이션을 만든 후 레이아웃(빈 화면)을 변경해요.

02 레이아웃이 변경되면 다음과 같이 도형을 삽입한 후 선 색을 지정한 다음 개체 속성을 지정하기 위해 도형의 바로 가기 메뉴에서 [개체 속성]을 클릭해요.

- **도형** : 도형 모양(모서리가 둥근 직사각형(▢)), 선 색(검정)

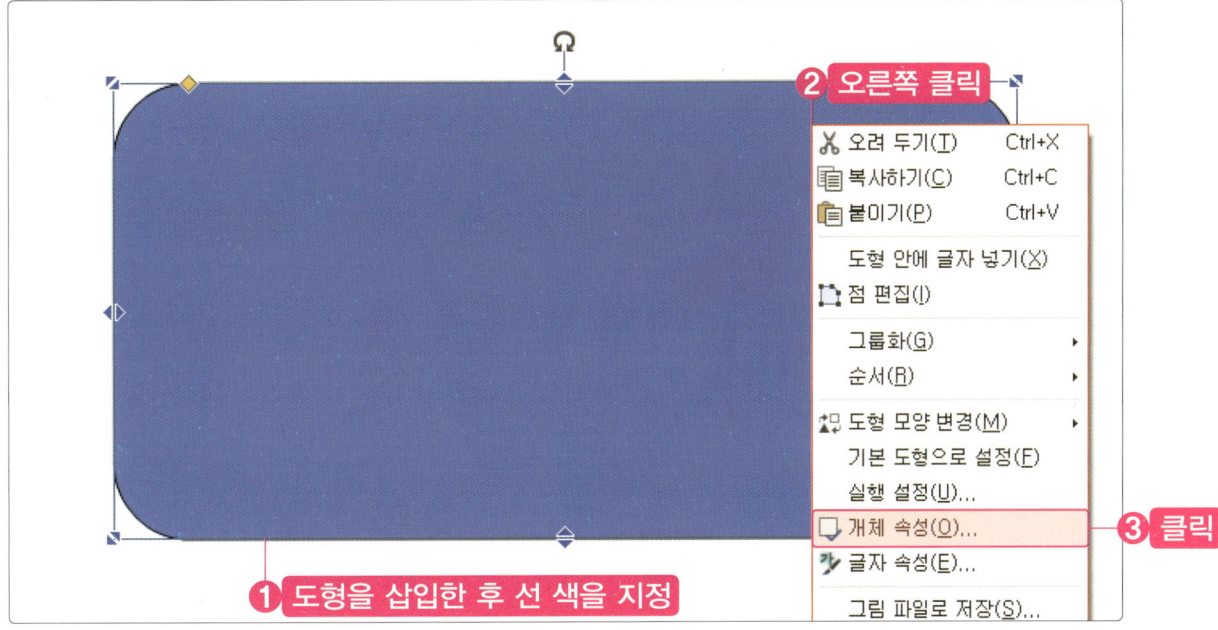

03 [개체 속성] 대화상자가 나타나면 [채우기] 탭에서 종류(질감/그림)를 선택한 후 질감(나무 무늬(■))을 선택한 다음 [그림] 탭을 클릭해요. 그런 다음 [개체 속성] 대화상자의 [그림] 탭이 나타나면 밝기(10)를 입력한 후 [설정] 단추를 클릭해요.

Lesson 12 • 김밥을 만들어요. 79

04 도형의 개체 속성이 지정되면 그림자 도형 효과를 지정하기 위해 [도형( )] 정황 탭에서 [도형 효과]를 클릭한 후 [그림자]-[바깥쪽\대각선 오른쪽 아래( )]를 클릭해요.

05 다음과 같이 그림자 도형 효과가 지정돼요.

김밥 만들기

01 다음과 같이 도형을 삽입한 후 선 색, 채우기 색, 선 굵기를 지정하여 야채김밥을 만들어요.
- ◯ : 도형 모양(타원(◯)), 선 색(검정), 채우기 색(하양), 선 굵기(15pt)
- 🟩 : 도형 모양(직사각형(▢)), 선 색(검정), 채우기 색(밝은 연두색)
- 🟩 : 도형 모양(직사각형(▢)), 선 색(검정), 채우기 색(초록)
- 🟨 : 도형 모양(직사각형(▢)), 선 색(검정), 채우기 색(노랑 60% 밝게)
- ◯ : 도형 모양(타원(◯)), 선 색(검정), 채우기 색(주황 80% 밝게)
- 🟨 : 도형 모양(직사각형(▢)), 선 색(검정), 채우기 색(노랑 10% 어둡게))
- 🟧 : 도형 모양(직사각형(▢)), 선 색(검정), 채우기 색(주황 20% 밝게)

02 야채김밥을 그룹화하기 위해 야채김밥을 드래그하여 선택한 후 〔도형( )〕 정황 탭에서 〔그룹〕을 클릭한 다음 〔개체 묶기〕를 클릭해요.

03 야채김밥이 그룹화되면 다음과 같이 야채김밥을 5개 복사한 후 위치를 조절하여 배치해요.

04 다음과 같이 도형을 삽입한 후 선 색과 채우기 색을 지정하여 김치김밥을 만들어요.

- ■ : 도형 모양(순서도: 저장 데이터(◖)), 선 색(검정), 채우기 색(검정)
- ○ : 도형 모양(타원(○)), 선 색(검정), 채우기 색(하양)
- ■ : 도형 모양(직사각형(□)), 선 색(검정), 채우기 색(밝은 연두색)
- ■ : 도형 모양(직사각형(□)), 선 색(검정), 채우기 색(빨강)
- ○ : 도형 모양(타원(○)), 선 색(검정), 채우기 색(주황 80% 밝게)
- ■ : 도형 모양(직사각형(□)), 선 색(검정), 채우기 색(주황 20% 밝게)

05 김치김밥을 그룹화하기 위해 김치김밥을 드래그하여 선택한 후 [도형( )] 정황 탭에서 [그룹]을 클릭한 다음 [개체 묶기]를 클릭해요.

06 김치김밥이 그룹화되면 다음과 같이 김치김밥을 5개 복사한 후 위치를 조절하여 배치해요.

3 단무지 만들고 배경 속성 지정하기

01 다음과 같이 도형을 삽입한 후 선 색과 채우기 색을 지정한 다음 회전하여 단무지를 만들어요.
- 도형 : 도형 모양(현(◐)), 선 색(주황), 채우기 색(노랑)

❶ 도형을 삽입한 후 선 색과 채우기 색을 지정한 다음 회전

02 단무지가 만들어지면 다음과 같이 단무지를 7개 복사한 후 위치를 조절하여 배치해요.

❶ 단무지를 7개 복사한 후 위치를 조절

03 배경 속성을 지정하기 위해 슬라이드의 바로 가기 메뉴에서 [배경 속성]을 클릭해요.

04 [배경 속성] 대화상자가 나타나면 [채우기] 탭에서 종류(질감/그림)를 선택한 후 [그림]을 클릭해요.

05 〔그림 넣기〕 대화상자가 나타나면 찾는 위치(C:\깨비뚝딱\한쇼NEO (2016)\12차시)를 선택한 후 그림 (슬라이드 배경1.jpg)을 선택한 다음 〔넣기〕 단추를 클릭해요.

06 〔배경 속성〕 대화상자의 〔채우기〕 탭이 다시 나타나면 〔그림〕 탭에서 이중 톤(밝은 강조 색 5( ))을 선택한 후 〔적용〕 단추를 클릭해요.

07 다음과 같이 배경 속성이 지정돼요.

오늘 수업의 미션!

1 다음과 같이 새 프레젠테이션을 만든 후 레이아웃(빈 화면)을 변경한 다음 배경 속성을 지정해 보세요.

- 예제 파일 : 12차시\슬라이드 배경2.png
- 완성 파일 : 12차시\놀이공원_완성.show
- 배경 속성 : 채우기 종류(질감/그림), 그림(찾는 위치(C:\깨비뚝딱\한쇼NEO(2016)\12차시), 그림(슬라이드 배경2.png)), 밝기(10%)

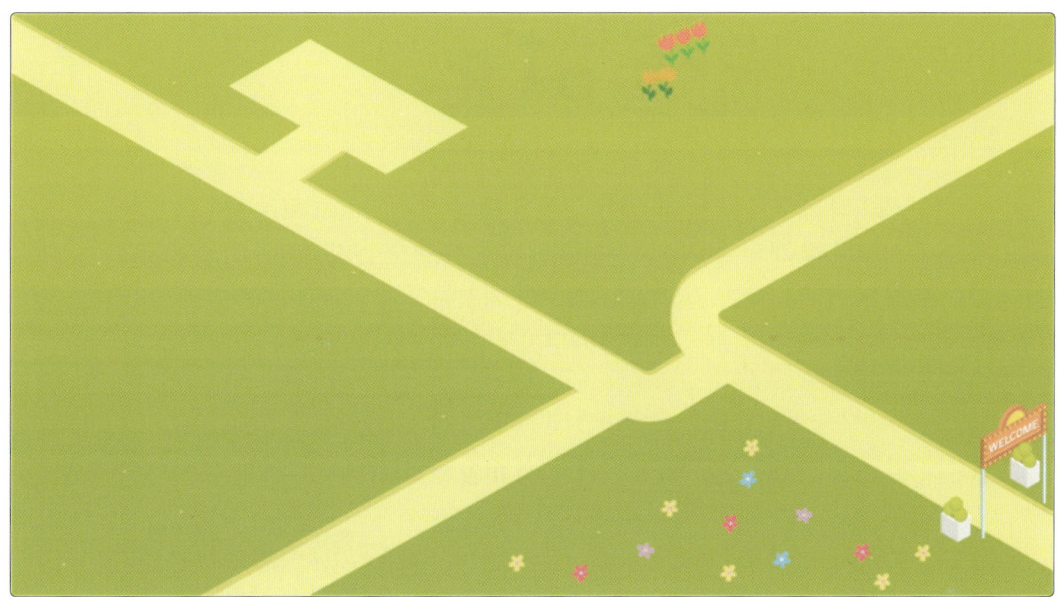

2 다음과 같이 놀이공원을 만들어 보세요.

- 예제 파일 : '12차시\놀이공원' 폴더에 있는 그림
- 완성 파일 : 12차시\놀이공원_완성.show
- 놀이공원에 넣고 싶은 놀이 기구나 판매점 등을 넣어 나만의 놀이공원을 만듦

Lesson 12 • 김밥을 만들어요.

Lesson 13

배울 수 있어요!
◆ 기본 도형으로 지정할 수 있어요.
◆ 개구리를 만들 수 있어요.

개구리를 만들어요.

개체 속성(선 색이나 채우기 색 등)이 같은 도형을 여러 개 삽입해야 하는 경우가 있는데요. 도형을 삽입한 후 개체 속성을 지정한 다음 기본 도형으로 지정하면 이후에 삽입하는 모든 도형은 기본 도형과 같은 개체 속성이 지정되어 삽입된답니다. 그럼, 이번 시간에는 기본 도형으로 지정하는 방법과 개구리를 만드는 방법에 대해 알아볼게요.

✿ 예제 파일 : 13차시\개구리와 개구리 우산.show   ✿ 완성 파일 : 13차시\개구리와 개구리 우산_완성.show

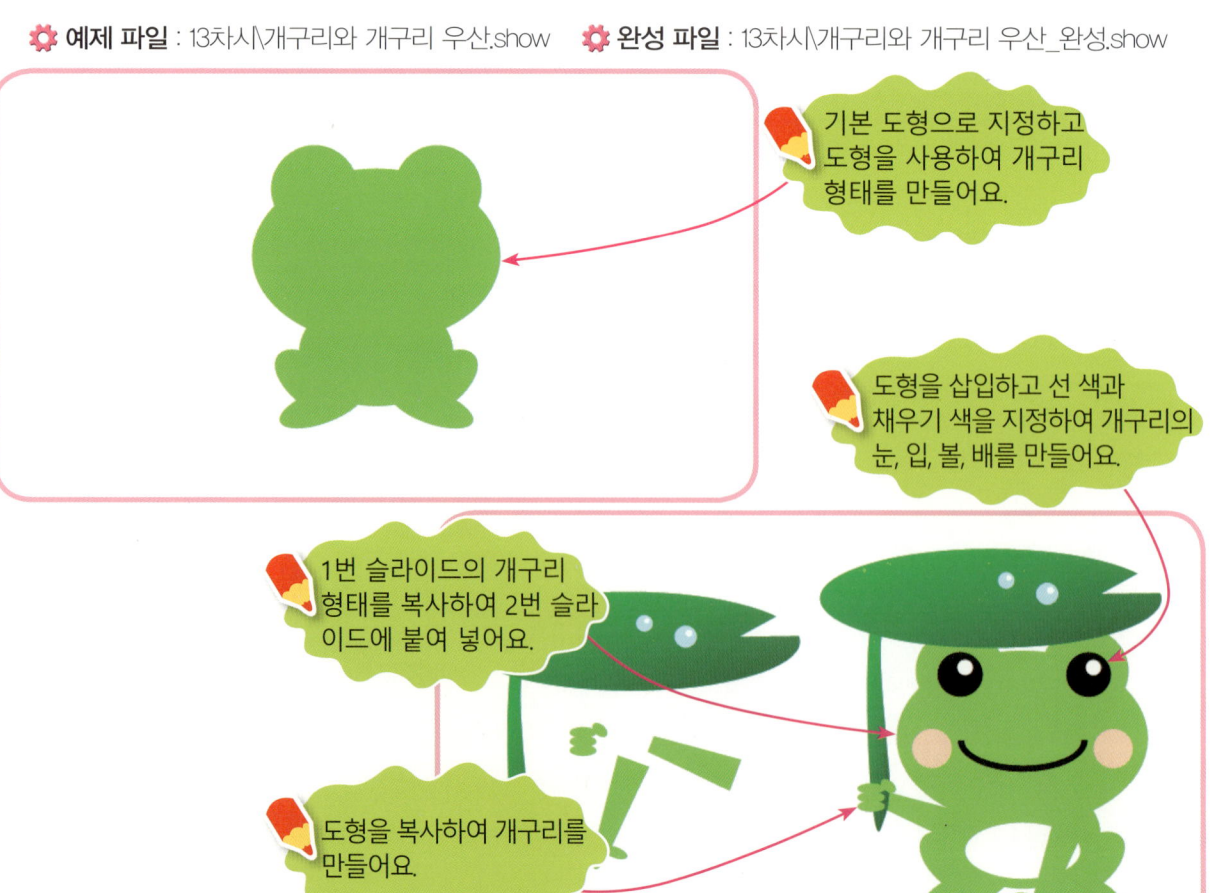

기본 도형으로 지정하고 도형을 사용하여 개구리 형태를 만들어요.

도형을 삽입하고 선 색과 채우기 색을 지정하여 개구리의 눈, 입, 볼, 배를 만들어요.

1번 슬라이드의 개구리 형태를 복사하여 2번 슬라이드에 붙여 넣어요.

도형을 복사하여 개구리를 만들어요.

1 기본 도형으로 지정하기

01 다음과 같이 '개구리와 개구리 우산.show' 파일을 연 후 도형을 삽입한 다음 선 색과 채우기 색을 지정해요.

- **도형** : 도형 모양(타원(○)), 선 색(선 없음), 채우기 색(다른 색/RGB(146,208,80))

도안에 맞추어 도형을 삽입해요.

02 기본 도형으로 지정하기 위해 도형을 선택한 후 [도형( )] 정황 탭에서 [기본 도형으로]를 클릭해요.

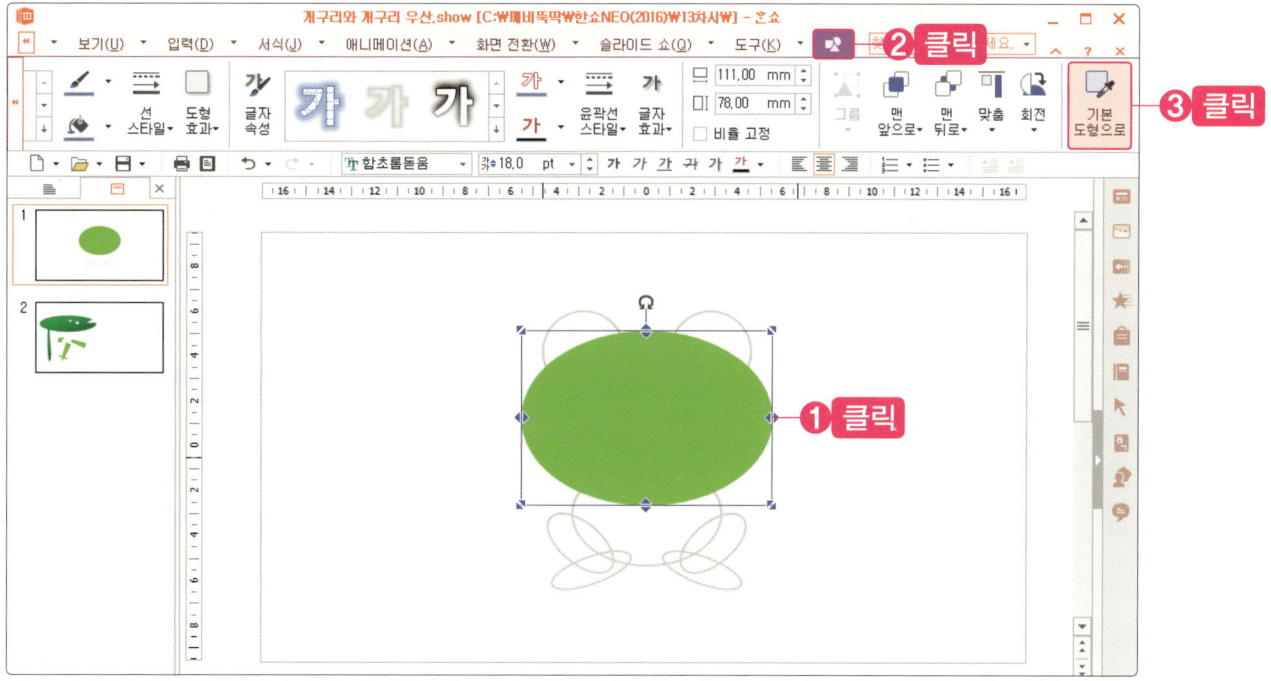

Lesson 13 • 개구리를 만들어요. 87

03 기본 도형으로 지정되면 다음과 같이 도형(타원(○))을 삽입한 후 회전하여 개구리 형태를 만들어요.

04 개구리 형태를 그룹화하기 위해 다음과 같이 개구리 형태를 드래그하여 선택한 후 [도형( )] 정황 탭에서 [그룹]을 클릭한 다음 [개체 묶기]를 클릭해요.

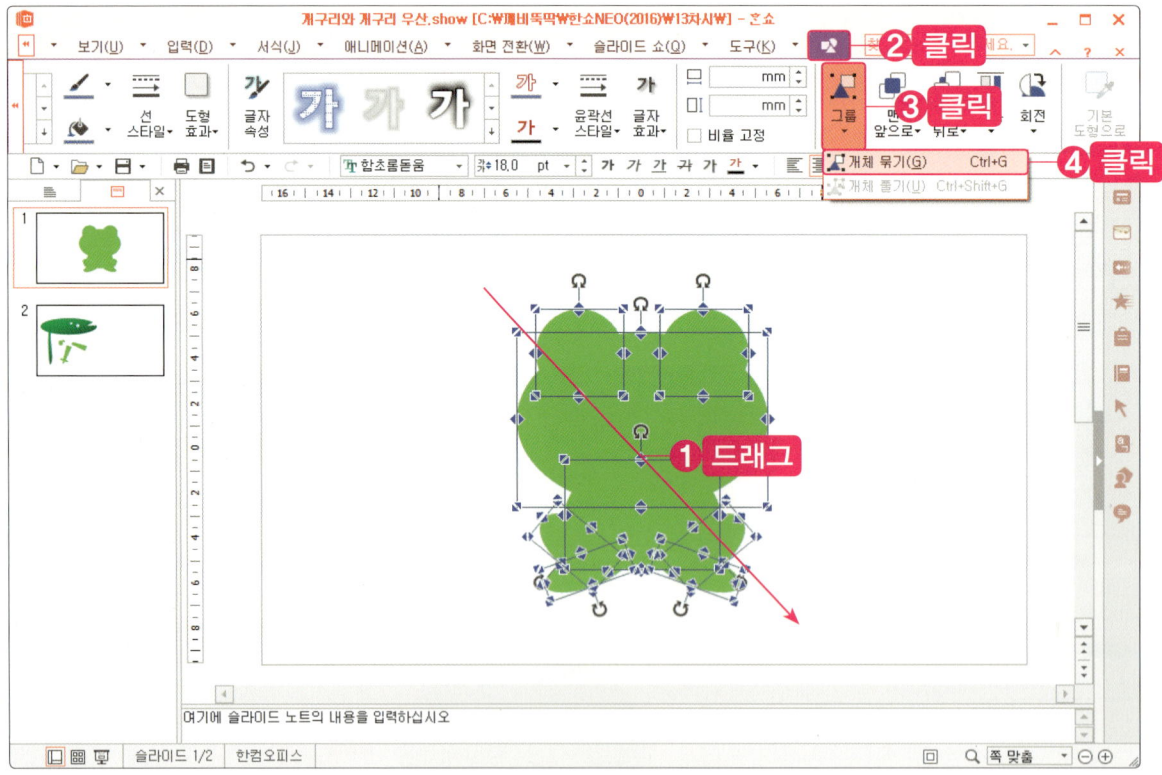

05 개구리 형태가 그룹화돼요.

2 개구리 만들기

01 개구리 형태를 복사하기 위해 〔슬라이드〕 탭에서 1번 슬라이드를 선택한 후 개구리 형태를 선택한 다음 〔편집〕 탭에서 〔복사하기〕를 클릭해요.

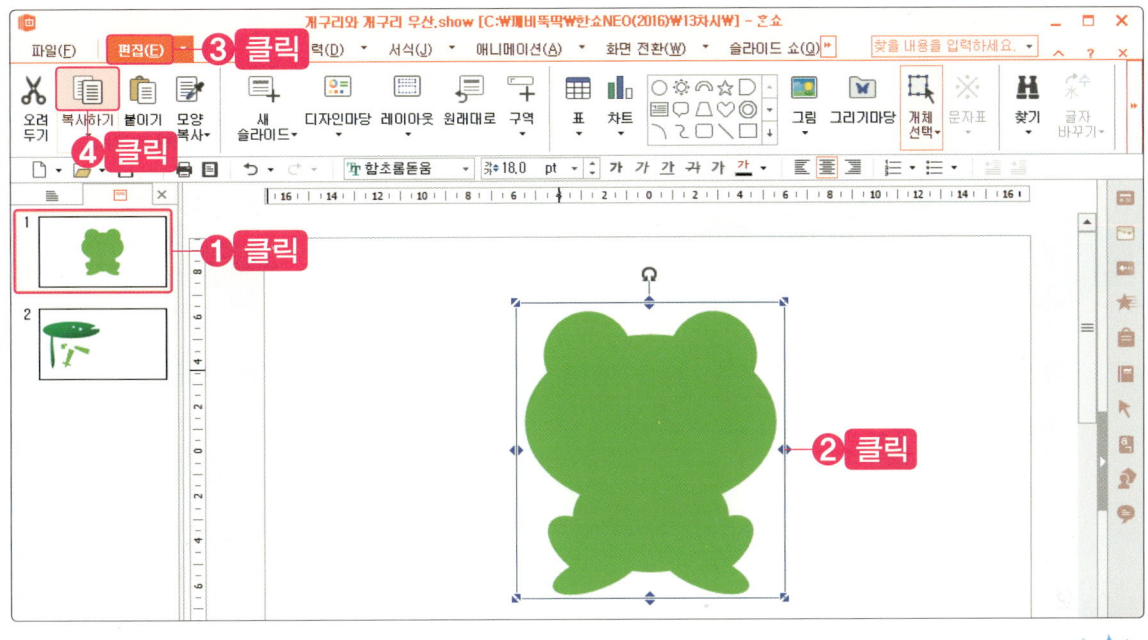

1번 슬라이드의 개구리 형태를 선택한 후 Ctrl키+C키를 눌러 개구리 형태를 복사할 수도 있어요.

02 개구리 형태가 복사되면 개구리 형태를 2번 슬라이드에 붙여 넣기 위해 〔슬라이드〕 탭에서 2번 슬라이드를 선택한 후 〔편집〕 탭에서 〔붙이기〕를 클릭해요.

2번 슬라이드를 선택한 후 Ctrl키+V키를 눌러 개구리 형태를 붙여 넣을 수도 있어요.

Lesson 13 • 개구리를 만들어요. 89

03 개구리 형태가 붙여 넣어지면 다음과 같이 개구리 형태의 위치를 조절해요. 그런 다음 도형을 삽입한 후 선 색과 채우기 색을 지정한 다음 회전하여 개구리의 눈, 입, 볼, 배를 만들어요.

- 눈의 검은색 부분 : 도형 모양(타원(○)), 선 색(선 없음), 채우기 색(검정)
- 눈의 흰색 부분 : 도형 모양(타원(○)), 선 색(선 없음), 채우기 색(하양)
- 입 : 도형 모양(막힌 원호(⌒)), 선 색(선 없음), 채우기 색(검정)
- 볼 : 도형 모양(타원(○)), 선 색(선 없음), 채우기 색(주황 60% 밝게)
- 배 : 도형 모양(타원(○)), 선 색(선 없음), 채우기 색(하양)

04 다음과 같이 도형을 복사하여 개구리를 만들어요.

05 개구리를 그룹화하기 위해 개구리를 드래그하여 선택한 후 [도형( )] 정황 탭에서 [그룹]을 클릭한 다음 [개체 묶기]를 클릭해요.

06 개구리가 그룹화돼요.

1 다음과 같이 '꽃무늬 우산.show' 파일을 연 후 기본 도형으로 지정한 다음 도형을 사용하여 우산 형태를 만들어 보세요.

- 예제 파일 : 13차시\꽃무늬 우산.show   ■ 완성 파일 : 13차시\꽃무늬 우산_완성.show
- 도형을 삽입한 후 선 색과 채우기 색을 지정한 다음 기본 도형으로 지정
  - 도형 : 도형 모양(현(◐)), 선 색(선 없음), 채우기 색(하양 5% 어둡게)
- 도형(타원(◯))을 사용하여 우산 형태를 만든 후 우산 형태를 그룹화

도안에 맞추어 도형을 삽입하면 쉽고 빠르게 우산 형태를 만들 수 있어요.

2 다음과 같이 도형을 복사하여 꽃무늬 우산을 만들어 보세요.

- 예제 파일 : 13차시\꽃무늬 우산 배경.jpg   ■ 완성 파일 : 13차시\꽃무늬 우산_완성.show
- 1번 슬라이드의 우산 형태를 복사하여 2번 슬라이드에 붙여 넣은 후 개체 속성을 지정
  - 개체 속성 : 채우기 종류(질감/그림), 그림(찾는 위치(C:\깨비뚝딱\한쇼NEO(2016)\13차시), 그림(꽃무늬 우산 배경.jpg))
- 도형을 복사한 후 도형의 겹치는 순서를 다시 정하여 꽃무늬 우산을 만든 다음 꽃무늬 우산을 그룹화

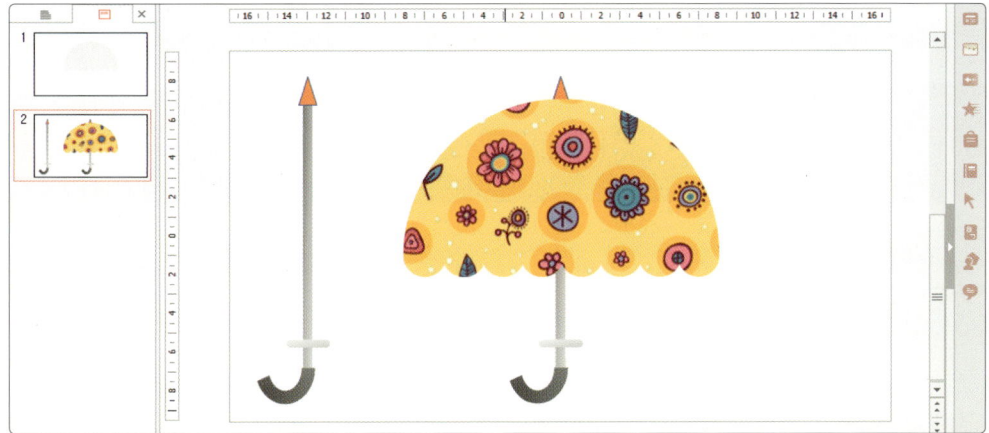

Lesson 13 • 개구리를 만들어요.

Lesson 14

배울 수 있어요!
- 푸딩을 만들 수 있어요.
- 액자를 만들 수 있어요.
- 식탁을 만들고 배경 속성을 지정할 수 있어요.

푸딩과 액자를 만들어요.

도형 모양 변경은 삽입한 도형의 모양을 변경할 수 있는 기능인데요. 이 기능을 사용하면 삽입한 도형을 지운 후 다시 다른 모양의 도형을 삽입하는 번거로움을 없앨 수 있답니다. 그럼, 이번 시간에는 푸딩을 만드는 방법, 액자를 만드는 방법, 식탁을 만들고 배경 속성을 지정하는 방법에 대해 알아볼게요.

✿ 예제 파일 : 14차시\푸딩과 액자.show   ✿ 완성 파일 : 14차시\푸딩과 액자_완성.show

- 배경 속성을 지정해요.
- 도형의 모양을 변경하여 액자를 만들어요.
- 도형의 모양을 변경하여 푸딩을 만들어요.
- 도형의 모양을 변경하고 무늬를 지정하여 탁자를 만들어요.

1 푸딩 만들기

01 '푸딩과 액자.show' 파일을 연 후 도형의 모양을 변경하기 위해 도형(이등변 삼각형(△))을 선택한 다음 [도형( )] 정황 탭에서 [도형 편집( )]을 클릭하고 [도형 모양 변경]-[타원(○)]을 클릭해요.

02 같은 방법으로 다음과 같이 도형의 모양을 변경하여 푸딩을 만들어요.

- 폭발 1(✸) → 타원(○)
- 덧셈 기호(✚) → 타원(○)
- 해(☀) → 타원(○)
- 곱셈 기호(✖) → 타원(○)
- 포인트가 4개인 별(✦) → 타원(○)
- 왼쪽/오른쪽 화살표(⇔) → 사다리꼴(△)
- 등호(=) → 사다리꼴(△)
- 포인트가 32개인 별(✹) → 타원(○)

2 액자 만들기

01 도형의 모양을 변경하기 위해 도형(왼쪽/오른쪽/위쪽/아래쪽 화살표(✥))을 선택한 후 [도형( )] 정황 탭에서 [도형 편집( )]을 클릭한 다음 [도형 모양 변경]-[빗면( )]을 클릭해요.

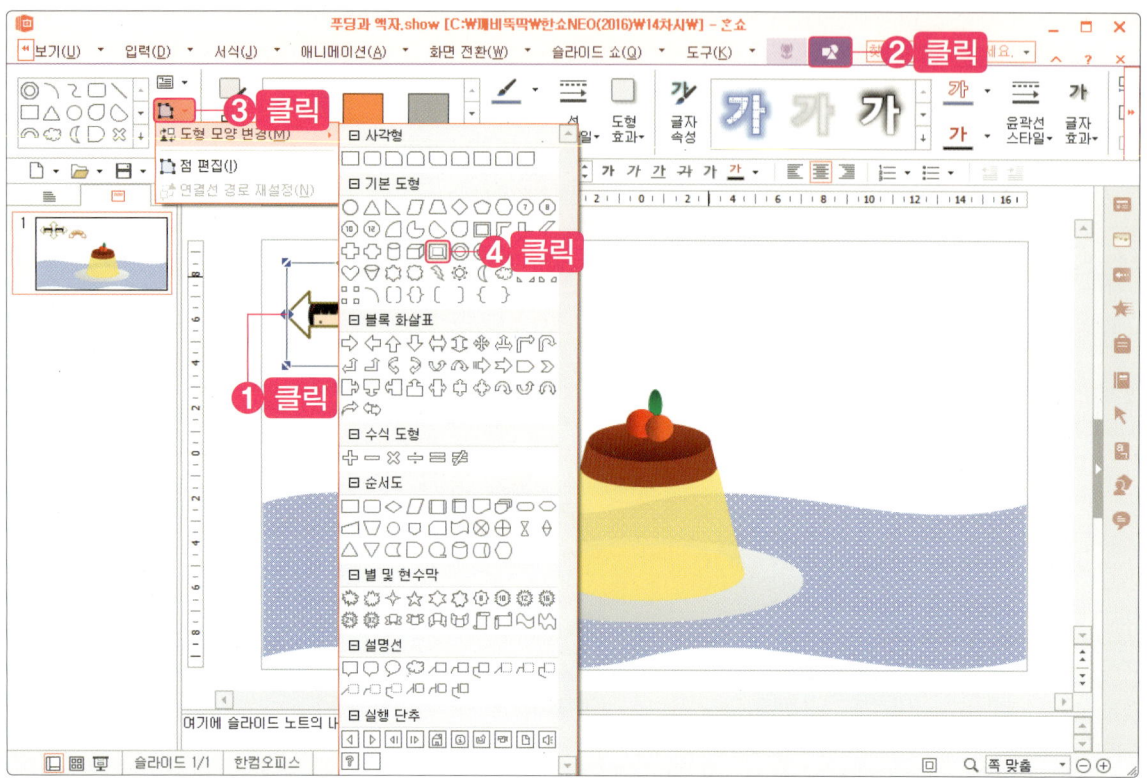

02 같은 방법으로 다음과 같이 도형의 모양을 변경하여 액자를 만들어요.
- 막힌 원호(⌒) → 빗면(▢)

3. 식탁 만들고 배경 속성 지정하기

01 도형의 모양을 변경하기 위해 도형(이중 물결)을 선택한 후 〔도형〕 정황 탭에서 〔도형 편집〕을 클릭한 다음 〔도형 모양 변경〕-〔사다리꼴〕을 클릭해요.

02 도형의 모양이 변경되면 무늬를 지정하기 위해 〔도형〕 정황 탭에서 〔채우기 색〕의 〔목록(▼)〕 단추를 클릭한 후 〔무늬〕-〔무늬 12〕를 클릭해요.

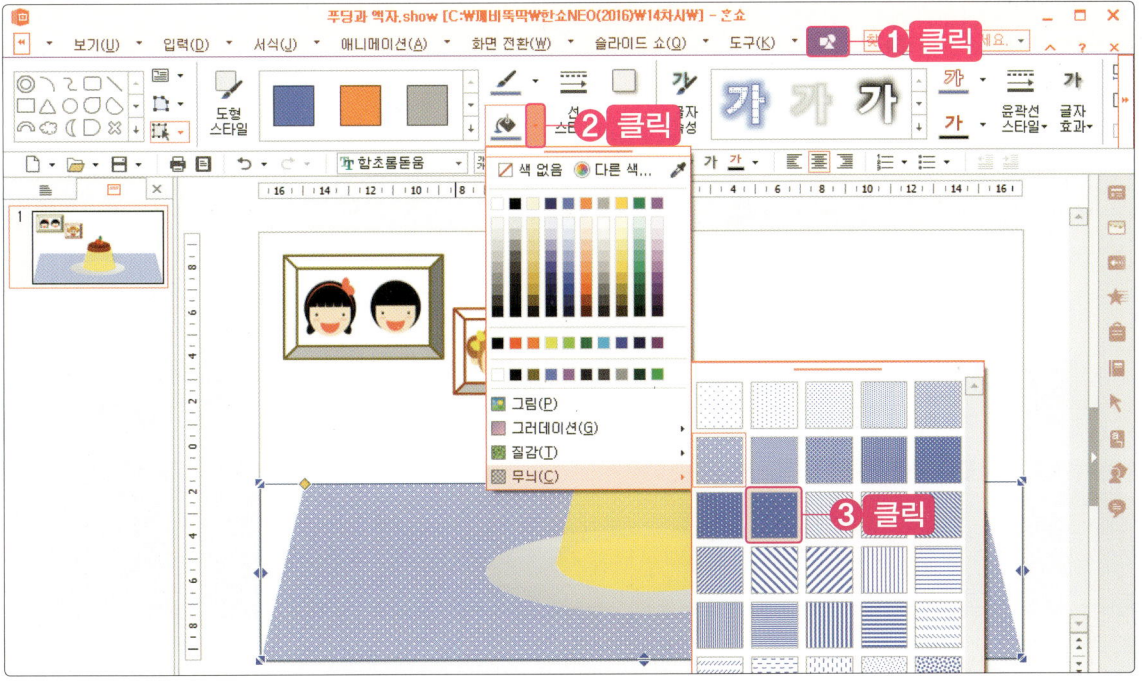

03 도형에 무늬가 지정되면 배경 속성을 지정하기 위해 슬라이드의 바로 가기 메뉴에서 〔배경 속성〕을 클릭해요.

Lesson 14 · 푸딩과 액자를 만들어요. 95

04 〔배경 속성〕 대화상자가 나타나면 〔채우기〕 탭에서 종류(무늬)를 선택한 후 무늬 종류(무늬 38( )), 전경 색(밝은 연두색), 배경 색(하양)을 선택한 다음 〔적용〕 단추를 클릭해요.

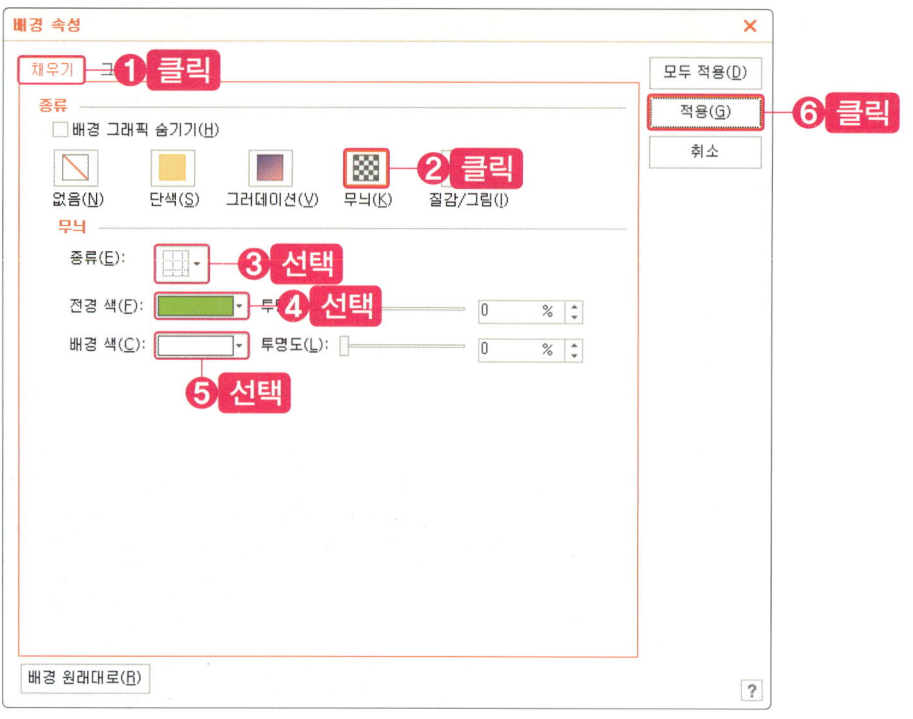

전경 색은 무늬의 색을 말하고, 배경 색은 슬라이드의 색을 말해요.

05 다음과 같이 배경 속성이 지정돼요.

① **다음과 같이 '토끼.show' 파일을 연 후 도형의 모양을 변경하여 토끼를 만들어 보세요.**
- 예제 파일 : 14차시\토끼.show
- 완성 파일 : 14차시\토끼_완성.show
- 도형의 모양을 변경하여 토끼를 만듦
  - 직사각형(▭) → 눈물 방울(◯)
  - 부채꼴(◖) → 타원(◯)
  - 포인트가 4개인 별(✦) → 타원(◯)
  - 곱셈 기호(✖) → 타원(◯)

② **다음과 같이 배경 속성을 지정해 보세요.**
- 배경 속성 : 채우기 종류(무늬), 무늬 종류(무늬 41(■)), 전경 색(초록 10% 어둡게), 배경 색(하양)

Lesson 15

축하 카드와 감사 카드를 만들어요.

배울 수 있어요!
- 워드숍을 삽입할 수 있어요.
- 글자 효과를 지정할 수 있어요.

워드숍은 글자의 색이나 글자의 윤곽선 색 등이 미리 정의되어 있는 텍스트 스타일인데요. 워드숍을 사용하면 화려한 축하 카드와 감사 카드를 만들 수 있답니다. 그럼, 이번 시간에는 워드숍을 삽입하는 방법과 글자 효과를 지정하는 방법에 대해 알아볼게요.

🌸 **예제 파일** : 15차시\카드.show   🌸 **완성 파일** : 15차시\카드_완성.show

1. 워드숍 텍스트를 입력하고 워드숍 텍스트에 글자 모양을 지정해요.
2. 워드숍을 삽입하고 네온 글자 효과를 지정해요.
3. 워드숍을 삽입하고 반사 글자 효과를 지정해요.
4. 워드숍을 삽입하고 변환 글자 효과를 지정해요.

 **워드숍 삽입하기**

01 '카드.show' 파일을 연 후 워드숍을 삽입하기 위해 〔입력〕 탭에서 〔워드숍〕을 클릭한 다음 〔채우기 - 강조 2(어두운 계열, 그러데이션), 윤곽 - 강조 2, 그림자(가)〕를 클릭해요.

02 워드숍이 삽입되면 워드숍 텍스트(생일을 축하합니다.)를 입력한 후 워드숍 텍스트에 글자 모양을 지정하기 위해 워드숍 텍스트를 드래그하여 선택한 다음 〔서식〕 탭에서 글꼴(휴먼모음T)을 선택하고 〔진하게(가)〕를 클릭해요.

> 워드숍으로 마우스 포인터를 가져가서 마우스 포인터가 I 모양으로 변경되었을 때 클릭하면 워드숍 텍스트를 입력하거나 수정할 수 있어요.

03 워드숍 텍스트에 글자 모양이 지정돼요.

Lesson 15 • 축하 카드와 감사 카드를 만들어요. 99

2 글자 효과 지정하기

01 반사 글자 효과를 지정하기 위해 워드숍을 선택한 후 〔도형( )〕 정황 탭에서 〔글자 효과〕를 클릭한 다음 〔반사〕-〔1/2 크기, 8 pt( )〕를 클릭해요.

워드숍으로 마우스 포인터를 가져가서 마우스 포인터가 모양으로 변경되었을 때 클릭하면 워드숍을 선택할 수 있어요.

02 반사 글자 효과가 지정되면 네온 글자 효과를 지정하기 위해 〔도형( )〕 정황 탭에서 〔글자 효과〕를 클릭한 후 〔네온〕-〔강조 색 1, 10 pt( )〕를 클릭해요.

03 네온 글자 효과가 지정되면 변환 글자 효과를 지정하기 위해 [도형( )] 정황 탭에서 [글자 효과]를 클릭한 후 [변환]-[역갈매기형 수장(12345)]을 클릭해요.

04 변환 글자 효과가 지정되면 다음과 같이 워드숍을 이동한 후 크기를 조절해요.

워드숍으로 마우스 포인터를 가져가서 마우스 포인터가 모양으로 변경되었을 때 드래그하면 워드숍을 이동할 수 있고, 워드숍의 크기 조절점( )을 드래그하면 워드숍의 크기를 조절할 수 있어요.

05 같은 방법으로 다음과 같이 워드숍을 삽입한 후 글자 효과를 지정하여 2~4번 슬라이드를 작성해요.

〔2번 슬라이드〕
- **워드숍** : 워드숍 모양(채우기 – 강조 4(그러데이션), 윤곽 – 밝은 색 1(가)), 반사 글자 효과(3/4 크기, 4 pt(가)), 네온 글자 효과(강조 색 6, 15 pt(가))
- **워드숍 텍스트** : 글꼴(휴먼모음T), 글자 크기(72), 진하게(가)

〔3번 슬라이드〕
- **워드숍** : 워드숍 모양(채우기 – 강조 1(밝은 계열, 그러데이션), 윤곽 – 강조 1(가)), 반사 글자 효과(전체 크기, 근접(가)), 변환 글자 효과(중지(12345))
- **워드숍 텍스트** : 글꼴(휴먼엑스포), 기울임(가)

〔4번 슬라이드〕
- **워드숍** : 워드숍 모양(채우기 – 어두운 색 1+강조 3(무늬18), 윤곽 – 강조 3(가)), 네온 글자 효과(강조 색 5, 5 pt(가)), 변환 글자 효과(물결 1(12345))
- **워드숍 텍스트** : 글꼴(휴먼편지체), 진하게(가)

1 다음과 같이 '시간표.show' 파일을 연 후 워드숍을 사용하여 제목(시간표)을 만들어 보세요.
- 예제 파일 : 15차시\시간표.show
- 완성 파일 : 15차시\시간표_완성.show
- 워드숍을 사용하여 제목(시간표)을 만듦
  - 워드숍 : 워드숍 모양(채우기 – 강조 6(그러데이션), 윤곽 – 밝은 색 1(가)), 변환 글자 효과(물결 1(12345))
  - 워드숍 텍스트 : 글꼴(휴먼엑스포), 진하게(가)

2 다음과 같이 워드숍을 사용하여 시간표를 만들어 보세요.
- 워드숍을 사용하여 시간표를 만듦
  - 사용하고 싶은 워드숍을 사용하고, 워드숍 텍스트에 지정하고 싶은 글자 모양을 지정

Lesson 16

반갑게 인사해요.

화면 전환 효과는 한 슬라이드에서 다른 슬라이드로 이동할 때 다른 슬라이드가 나타나는 방식을 말하는데요. 화면 전환 효과를 지정하면 생동감 있는 프레젠테이션을 만들 수 있답니다. 그럼, 이번 시간에는 슬라이드를 복제하고 인사말을 입력하는 방법과 화면 전환 효과를 지정하는 방법에 대해 알아볼게요.

배울 수 있어요!
◆ 슬라이드를 복제하고 인사말을 입력할 수 있어요.
◆ 화면 전환 효과를 지정할 수 있어요.

◈ 예제 파일 : 16차시\인사말.show, 얼굴.png   ◈ 완성 파일 : 16차시\인사말_완성.show

- 얼굴 이미지를 삽입하고 크기와 위치를 조절해요.
- 슬라이드를 복제하고 워드숍을 사용하여 인사말을 입력해요.
- 워드숍을 복사하고 워드숍 텍스트를 수정해요.
- 얼굴 이미지를 회전해요.
- 화면 전환 효과를 지정해요.

1 슬라이드 복제하고 인사말 입력하기

01 다음과 같이 '인사말.show' 파일을 연 후 얼굴 이미지를 삽입한 다음 크기와 위치를 조절해요.
- 얼굴 이미지 : 찾는 위치(C:\깨비뚝딱\한쇼NEO(2016)\16차시), 그림(얼굴.png)

02 1번 슬라이드를 복제하기 위해 〔슬라이드〕 탭에 있는 1번 슬라이드의 바로 가기 메뉴에서 〔선택한 슬라이드 복제〕를 클릭해요.

슬라이드 복제는 선택한 슬라이드를 복사하여 붙여 넣는 작업을 한 번에 할 수 있는 기능이에요.

Lesson 16 • 반갑게 인사해요. 105

03 1번 슬라이드가 복제되면 다음과 같이 워드숍을 삽입한 후 변환 글자 효과를 지정한 다음 크기와 위치를 조절해요. 그런 다음 얼굴 이미지를 회전해요.

- 워드숍 : 워드숍 모양(채우기 – 강조 6(그러데이션), 윤곽 – 밝은 색 1(**가**)), 변환 글자 효과(사각형(**12345**))
- 워드숍 텍스트 : 글꼴(휴먼편지체), 진하게(**가**)

얼굴 이미지를 좌우로 회전하면 인사말을 할 때 고개를 흔드는 것처럼 표현할 수 있어요.

04 2번 슬라이드를 복제하기 위해 [슬라이드] 탭에 있는 2번 슬라이드의 바로 가기 메뉴에서 [선택한 슬라이드 복제]를 클릭해요.

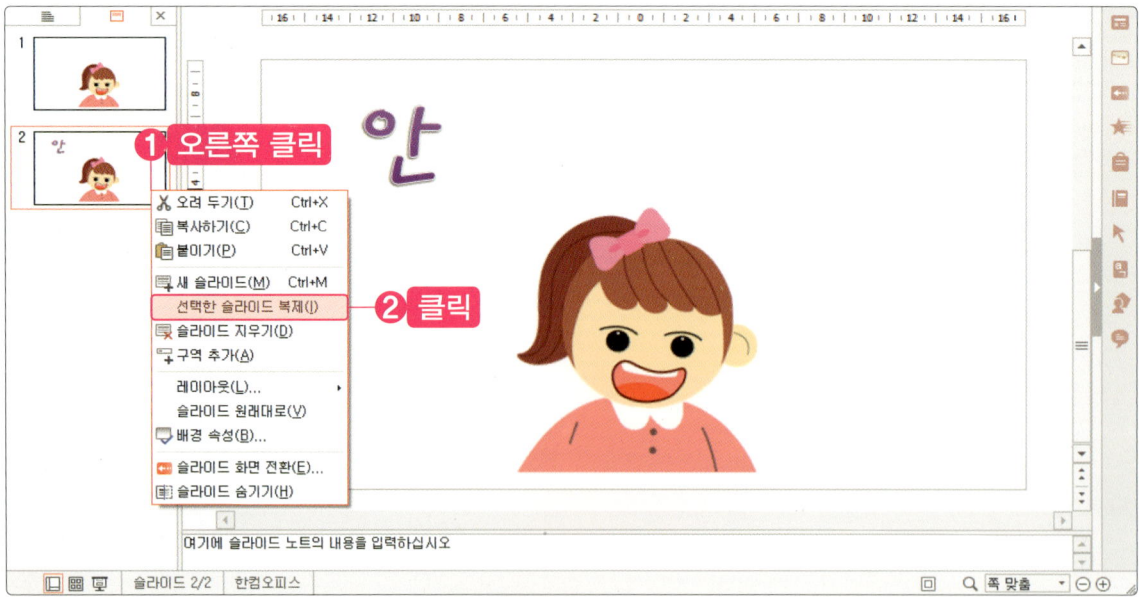

05 2번 슬라이드가 복제되면 다음과 같이 워드숍을 복사한 후 워드숍 텍스트를 수정해요. 그런 다음 얼굴 이미지를 회전해요.

06 같은 방법으로 다음과 같이 슬라이드를 복제하여 4~7번 슬라이드를 작성해요.

〔4번 슬라이드〕

〔5번 슬라이드〕

〔6번 슬라이드〕

〔7번 슬라이드〕

2 화면 전환 효과 지정하기

01 1번 슬라이드에 화면 전환 효과를 지정하기 위해 〔슬라이드〕 탭에서 1번 슬라이드를 선택한 후 〔화면 전환〕 탭에서 〔화면 전환 효과〕의 〔자세히(↓)〕 단추를 클릭해요.

02 화면 전환 효과 목록이 나타나면 〔색다른 효과\꽃잎( )〕을 클릭해요.

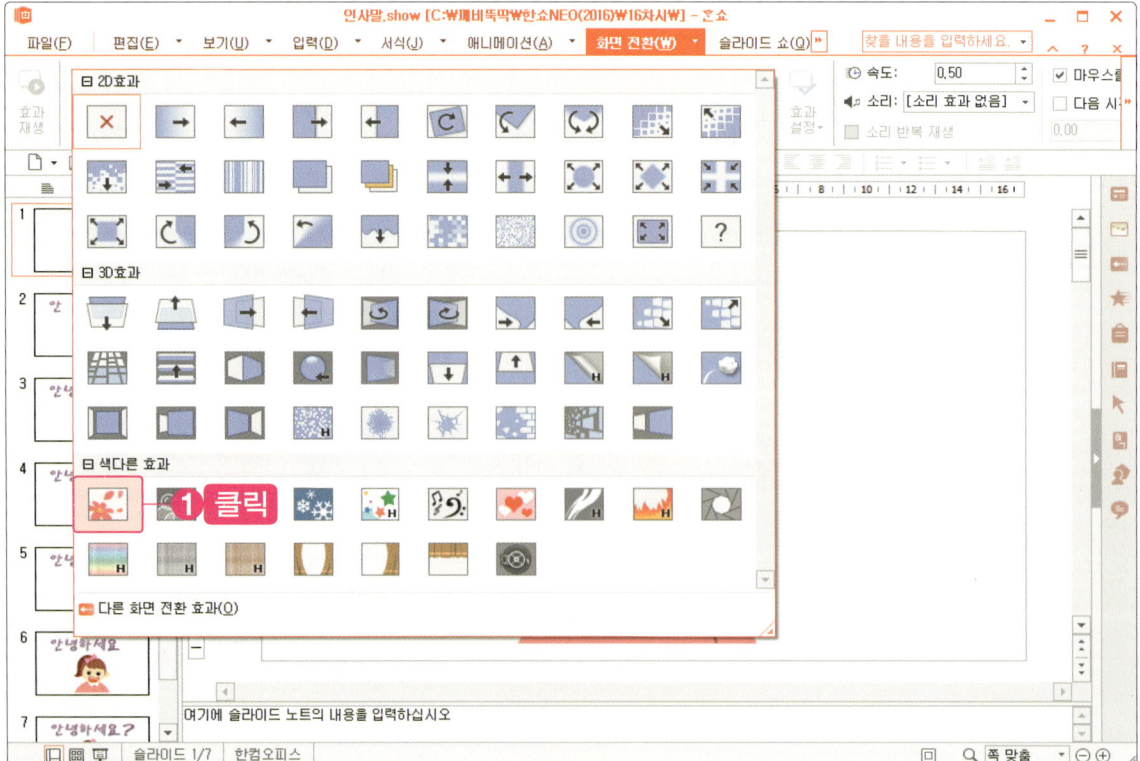

03 1번 슬라이드에 화면 전환 효과가 지정되면 〔화면 전환〕 탭에서 속도(2)를 입력한 후 Enter를 누른 다음 〔모두 적용〕을 클릭해요.

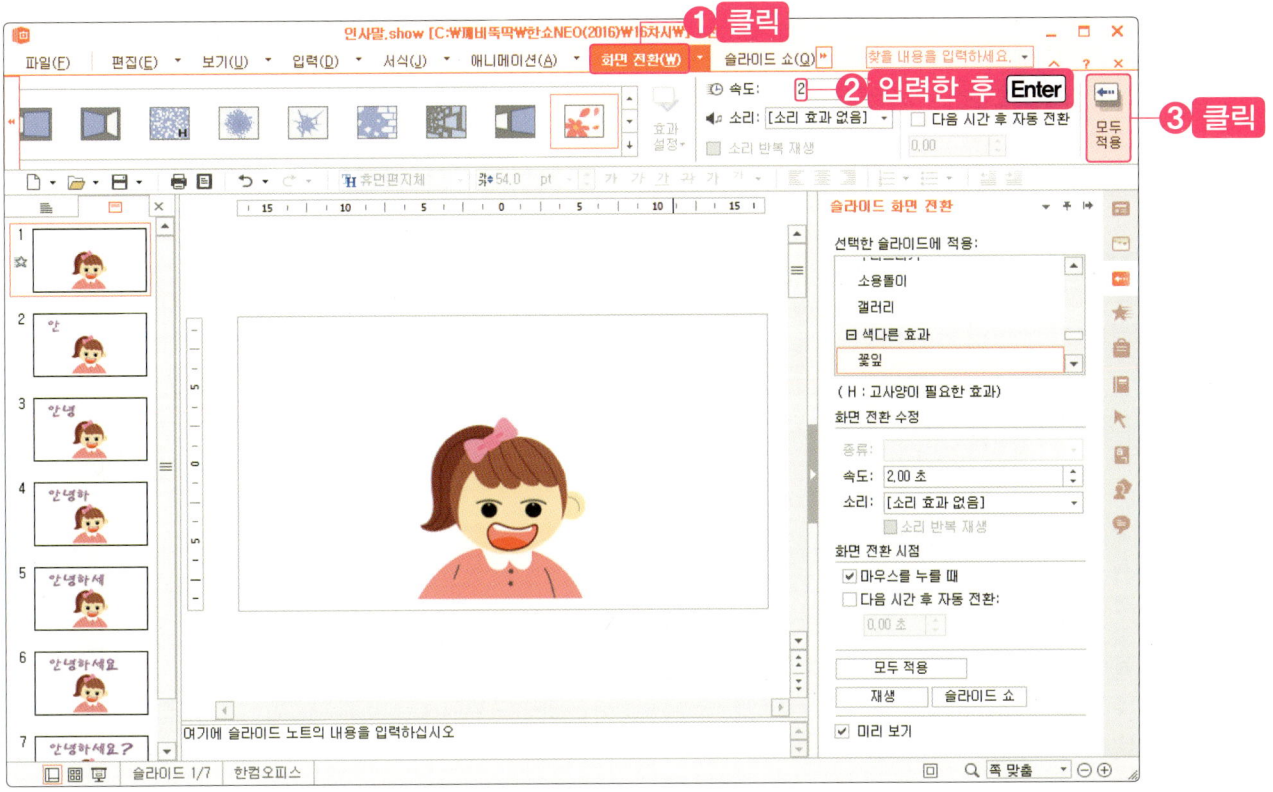

- 화면 전환 효과를 지정하면 슬라이드 번호 아래에 〔효과(☆)〕 아이콘이 표시되는데요. 〔효과(☆)〕 아이콘을 클릭하면 지정된 화면 전환 효과를 확인할 수 있어요.
- 지정된 화면 전환 효과는 화면 전환 효과 목록에서 〔2D효과\없음(×)〕을 클릭하면 제거할 수 있어요.
- 속도는 화면이 전환되는 시간을 말해요.
- 〔슬라이드 화면 전환〕 작업 창은 다음과 같이 〔작업 창 접기(▶)〕를 클릭하면 닫을 수 있어요.

Lesson 16 · 반갑게 인사해요. **109**

04 다음과 같이 모든 슬라이드에 화면 전환 효과가 지정돼요.

슬라이드 쇼에서 화면 전환 효과 확인하기

[슬라이드 쇼] 탭에서 [처음부터]를 클릭하여 1번 슬라이드부터 슬라이드 쇼를 시작하면 다음과 같이 모든 슬라이드에 화면 전환 효과가 지정되어 슬라이드를 이동할 때마다 화면 전환 효과가 실행되는 것을 확인할 수 있어요.

오늘 수업의 미션!

1 다음과 같이 '사랑해.show' 파일을 연 후 슬라이드를 작성해 보세요.

- 예제 파일 : 16차시\사랑해.show
- 완성 파일 : 16차시\사랑해_완성.show
- 1번 슬라이드를 작성한 후 슬라이드를 복제하여 2~4번 슬라이드를 작성
  - 1~3번 슬라이드 : 사용하고 싶은 워드숍을 사용하고, 워드숍 텍스트에 지정하고 싶은 글자 모양을 지정
  - 4번 슬라이드 : 도형(하트(♡))을 사용하고, 지정하고 싶은 도형 스타일, 선 색, 채우기 색, 선 굵기를 지정

2 다음과 같이 화면 전환 효과를 지정해 보세요.

- 화면 전환 효과 : 효과(색다른 효과\하트 장식(♥)), 속도(1), 다음 시간 후 자동 전환(2), 모두 적용

[화면 전환] 탭에서 [다음 시간 후 자동 전환]을 선택한 후 시간을 입력하면 클릭하지 않아도 자동으로 입력한 시간만큼 시간이 흐른 뒤에 다음 슬라이드로 이동돼요.

Lesson 17

배울 수 있어요!
◆ 투명한 색을 지정할 수 있어요.
◆ 물고기에 애니메이션을 지정할 수 있어요.

물고기가 사이좋게 다녀요

애니메이션은 개체나 텍스트에 지정할 수 있는데요. 개체나 텍스트에 애니메이션을 지정하면 생동감 있는 프레젠테이션을 만들 수 있답니다. 그럼, 이번 시간에는 투명한 색을 지정하는 방법과 물고기에 애니메이션을 지정하는 방법에 대해 알아볼게요.

예제 파일 : 17차시\바다.show, 물고기1.png, 물고기2.png
완성 파일 : 17차시\바다_완성.show

파란색 물고기를 삽입하고 투명한 색을 지정해요.

연두색 물고기를 삽입하고 투명한 색을 지정해요.

물고기에 애니메이션을 지정해요.

 **투명한 색 지정하기**

01 다음과 같이 '바다.show' 파일을 연 후 파란색 물고기를 삽입한 다음 투명한 색을 지정하기 위해 〔그림( )〕 정황 탭에서 〔색조 조정〕을 클릭하고 〔투명한 색 설정〕을 클릭해요.

- 파란색 물고기 : 찾는 위치(C:\깨비뚝딱\한쇼NEO(2016)\17차시), 그림(물고기1.png)

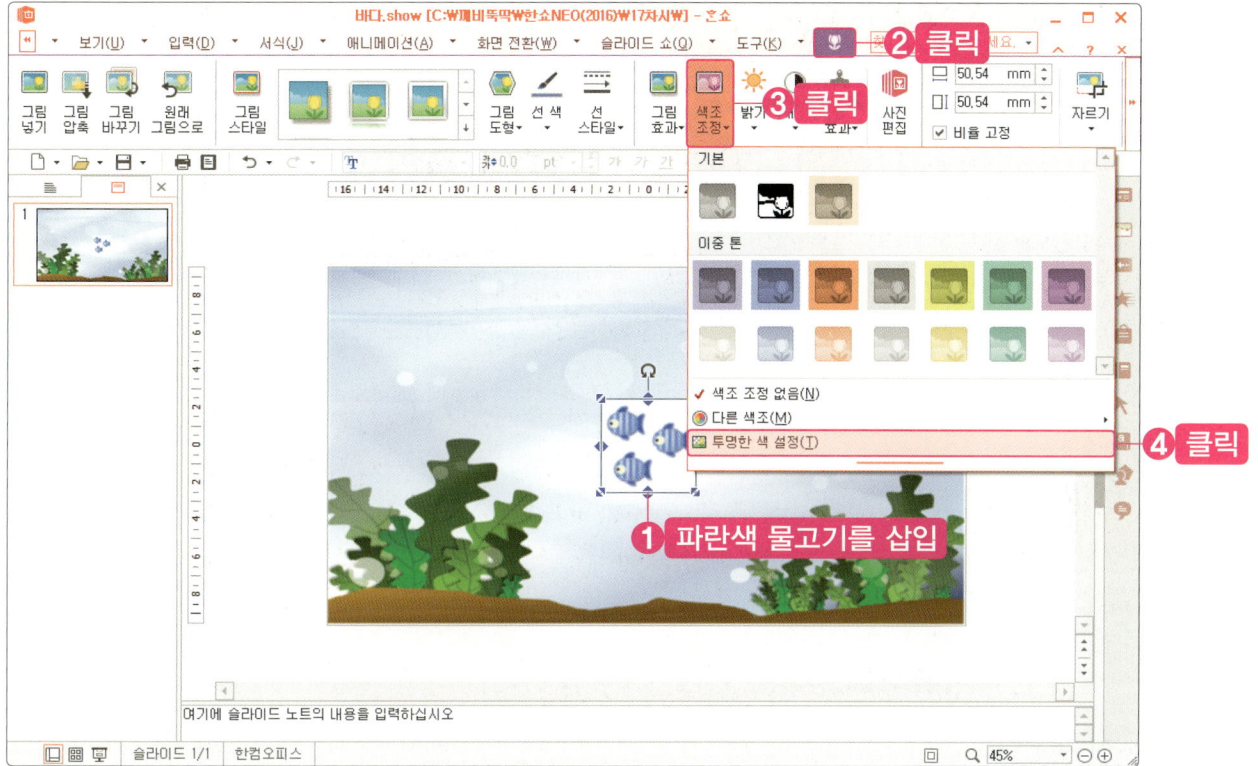

02 마우스 포인터가 모양으로 변경되면 파란색 물고기의 흰색 배경을 클릭해요.

Lesson 17 • 물고기가 사이좋게 다녀요. 113

03 파란색 물고기의 흰색 배경이 투명한 색으로 지정되면 다음과 같이 파란색 물고기의 위치(슬라이드 밖의 오른쪽 위)를 조절해요.

04 같은 방법으로 다음과 같이 연두색 물고기를 삽입한 후 연두색 물고기의 흰색 배경을 투명한 색으로 지정한 다음 위치(슬라이드 밖의 왼쪽 아래)를 조절해요.

- 연두색 물고기 : 찾는 위치(C:\깨비뚝딱\한쇼NEO(2016)\17차시), 그림(물고기2.png)

2 물고기에 애니메이션 지정하기

01 파란색 물고기에 애니메이션을 지정하기 위해 파란색 물고기를 선택한 후 〔애니메이션〕 탭에서 〔애니메이션〕의 〔자세히(▼)〕 단추를 클릭해요.

02 애니메이션 목록이 나타나면 〔이동 경로\자유곡선〕을 클릭해요.

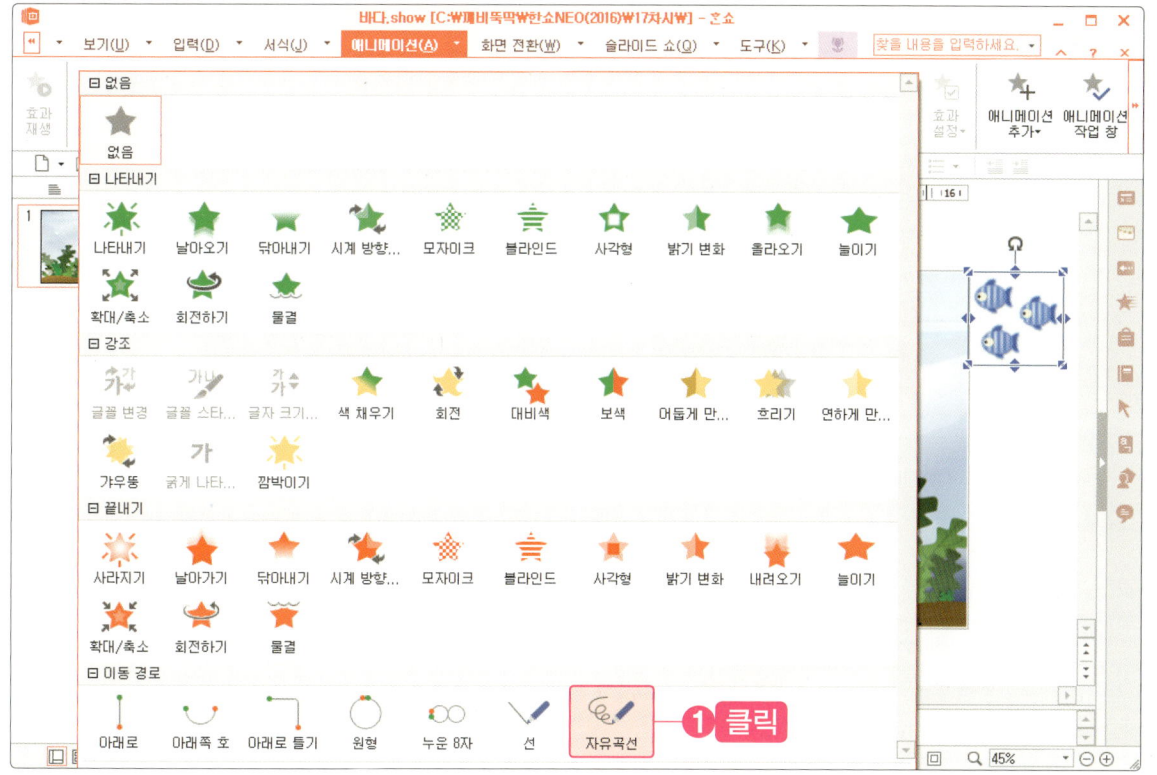

Lesson 17 • 물고기가 사이좋게 다녀요. 115

03 마우스 포인터가 ✏ 모양으로 변경되면 다음과 같이 드래그하여 파란색 물고기의 이동 경로를 그려 넣어요.

〔애니메이션〕 작업 창이 나타나면 〔애니메이션〕 작업 창에서 〔작업 창 접기(⬅)〕를 클릭하여 〔애니메이션〕 작업 창을 닫은 후 파란색 물고기의 이동 경로를 그려 넣어요.

04 같은 방법으로 다음과 같이 연두색 물고기에 애니메이션을 지정해요.
- 애니메이션 : 효과(이동 경로\자유곡선)

- 애니메이션을 지정하면 슬라이드 번호 아래에 〔효과(⭐)〕 아이콘이 표시되는데요. 〔효과(⭐)〕 아이콘을 클릭하면 지정된 애니메이션을 확인할 수 있어요.
- 지정된 애니메이션은 애니메이션 목록에서 〔없음\없음〕을 클릭하면 제거할 수 있어요.

05 〔애니메이션〕 작업 창을 나타내기 위해 〔애니메이션〕 탭에서 〔애니메이션 작업 창〕을 클릭해요.

06 〔애니메이션〕 작업 창이 나타나면 첫 번째 항목에 타이밍을 지정하기 위해 첫 번째 항목의 바로 가기 메뉴에서 〔타이밍〕을 클릭해요.

07 〔애니메이션〕 대화상자의 〔타이밍〕 탭이 나타나면 시작(이전 효과와 함께), 재생 시간(매우 느리게), 반복(슬라이드가 끝날 때까지)을 선택한 후 〔확인〕 단추를 클릭해요.

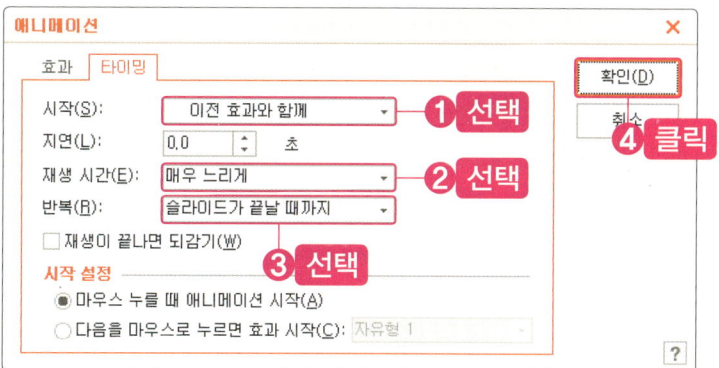

Lesson 17 • 물고기가 사이좋게 다녀요. 117

08 두 번째 항목에 타이밍을 지정하기 위해 두 번째 항목의 바로 가기 메뉴에서 〔타이밍〕을 클릭해요.

09 〔애니메이션〕 대화상자의 〔타이밍〕 탭이 나타나면 시작(이전 효과와 함께), 지연(2), 재생 시간(느리게), 반복(슬라이드가 끝날 때까지)을 지정한 후 〔확인〕 단추를 클릭해요.

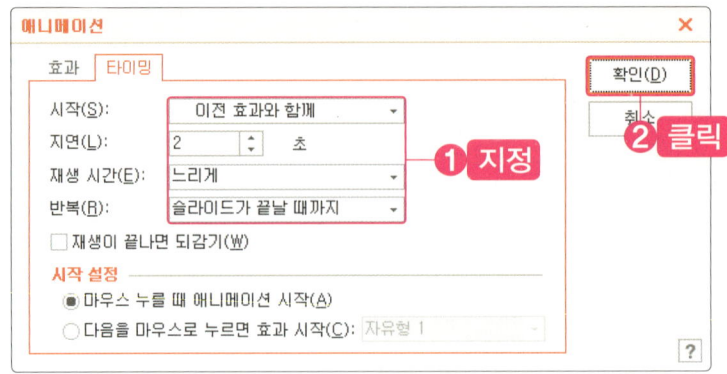

> 지연은 애니메이션이 지연되는 시간을 말하는데요. 지연을 지정하면 시작에서 지정한 시점으로부터 지연만큼 시간이 흐른 뒤에 애니메이션이 시작돼요.

10 두 번째 항목에 타이밍이 지정돼요.

슬라이드 쇼에서 애니메이션 확인하기
〔슬라이드 쇼〕 탭에서 〔처음부터〕를 클릭하여 1번 슬라이드부터 슬라이드 쇼를 시작하면 다음과 같이 연두색 물고기에 지정된 애니메이션이 파란색 물고기에 지정된 애니메이션보다 2초 늦게 시작되는 것과 파란색 물고기와 연두색 물고기에 지정된 애니메이션이 함께 슬라이드 쇼가 끝날 때까지 반복하여 실행되는 것을 확인할 수 있어요.

① 다음과 같이 '미로찾기.show' 파일을 연 후 자동차와 집을 삽입한 다음 투명한 색을 지정해 보세요.

- 예제 파일 : 17차시\미로찾기.show, 출발.png, 도착.png
- 완성 파일 : 17차시\미로찾기_완성.show
- 자동차와 집을 삽입한 후 자동차의 흰색 배경과 집의 흰색 배경을 투명한 색으로 지정
  - 자동차 : 찾는 위치(C:\깨비뚝딱\한쇼NEO(2016)\17차시), 그림(출발.png)
  - 집 : 찾는 위치(C:\깨비뚝딱\한쇼NEO(2016)\17차시), 그림(도착.png)

② 다음과 같이 자동차에 애니메이션을 지정해 보세요.

- 자동차가 집에 도착할 수 있도록 자동차에 애니메이션을 지정
  - 애니메이션 : 효과(이동 경로\자유곡선), 타이밍(시작(마우스를 누를 때), 재생 시간(매우 느리게))

Lesson 17 • 물고기가 사이좋게 다녀요. 119

Lesson 18

배울 수 있어요!
◆ 기차를 만들고 애니메이션을 지정할 수 있어요.
◆ 애니메이션을 추가할 수 있어요.

기차가 칙칙폭폭 달려요.

개체나 텍스트에 애니메이션을 지정한 후 다시 애니메이션을 추가하여 두 가지 이상의 애니메이션을 지정할 수 있는데요. 애니메이션을 너무 많이 지정하면 산만할 수 있으므로 주의해야 한답니다. 그럼, 이번 시간에는 기차를 만들고 애니메이션을 지정하는 방법과 애니메이션을 추가하는 방법에 대해 알아볼게요.

🔧 예제 파일 : 18차시\기차.show　　🔧 완성 파일 : 18차시\기차_완성.show

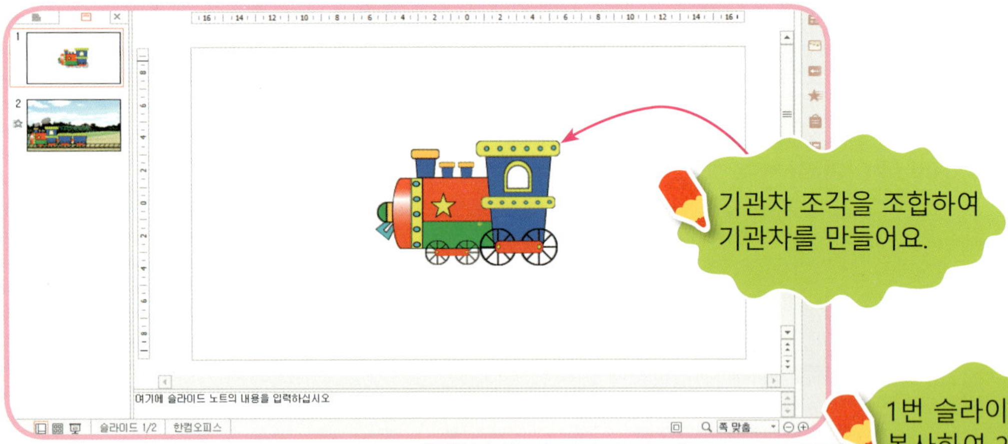

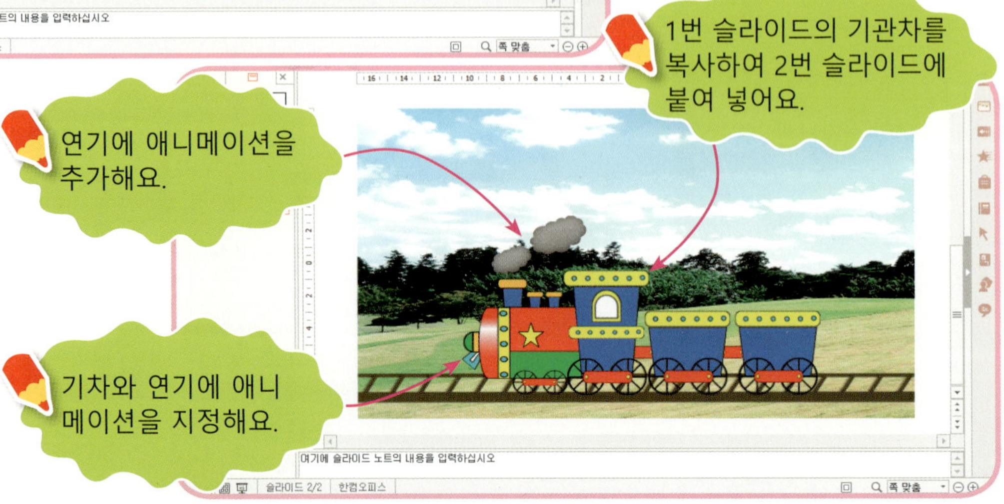

- 기관차 조각을 조합하여 기관차를 만들어요.
- 1번 슬라이드의 기관차를 복사하여 2번 슬라이드에 붙여 넣어요.
- 연기에 애니메이션을 추가해요.
- 기차와 연기에 애니메이션을 지정해요.

1 기차 만들고 애니메이션 지정하기

01 다음과 같이 '기차.show' 파일을 연 후 기관차 조각을 조합하여 기관차를 만들어요.

02 기관차를 그룹화하기 위해 기관차를 드래그하여 선택한 후 [그림( )] 정황 탭에서 [그룹]을 클릭한 다음 [개체 묶기]를 클릭해요.

03 기관차가 그룹화되면 기관차를 복사하기 위해 [슬라이드] 탭에서 1번 슬라이드를 선택한 후 기관차를 선택한 다음 [편집] 탭에서 [복사하기]를 클릭해요.

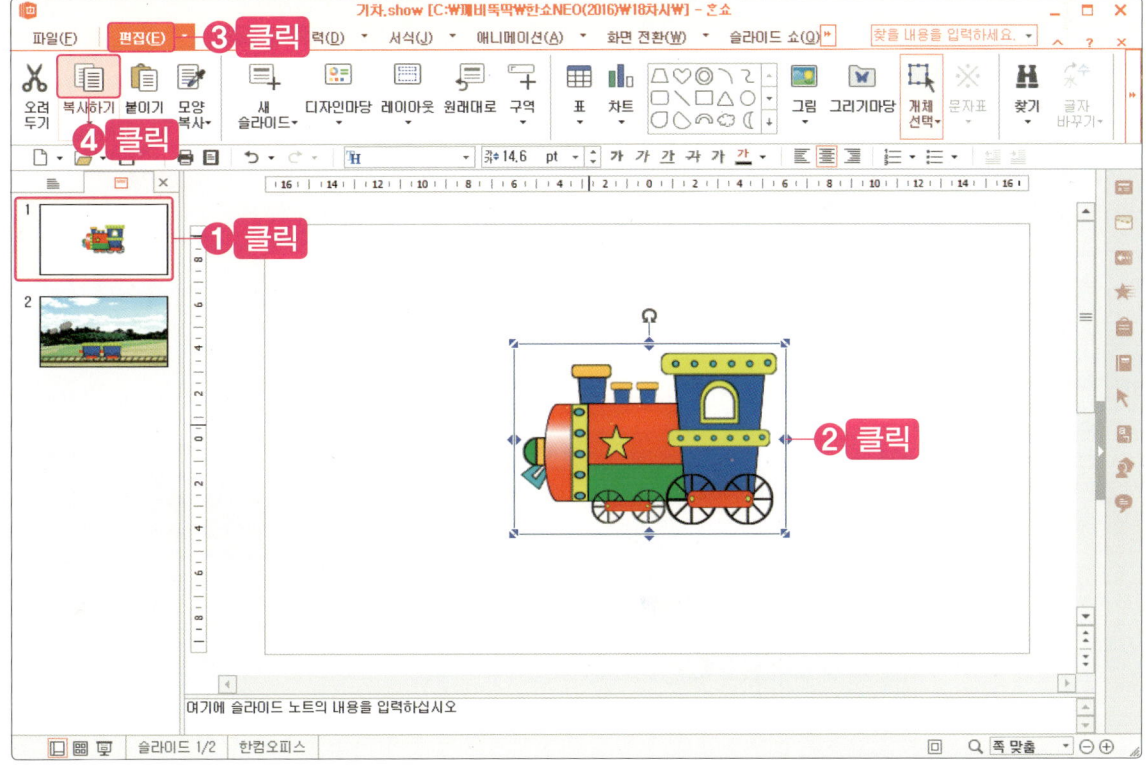

Lesson 18 • 기차가 칙칙폭폭 달려요. 121

04 기관차가 복사되면 기관차를 2번 슬라이드에 붙여 넣기 위해 [슬라이드] 탭에서 2번 슬라이드를 선택한 후 [편집] 탭에서 [붙이기]를 클릭해요.

05 기관차가 붙여 넣어지면 다음과 같이 기관차의 위치를 조절해요. 그런 다음 기차(기관차와 화물차)를 그룹화하기 위해 기차를 드래그하여 선택한 후 [그림( )] 정황 탭에서 [그룹]을 클릭한 다음 [개체 묶기]를 클릭해요.

06 기차가 그룹화되면 기차와 연기에 애니메이션을 지정하기 위해 기차와 연기를 드래그하여 선택한 후 [애니메이션] 탭에서 [애니메이션]의 [자세히(↓)] 단추를 클릭해요.

07 애니메이션 목록이 나타나면 〔나타내기\날아오기〕를 클릭해요.

08 기차와 연기에 애니메이션이 지정되면 〔애니메이션〕 작업 창에서 첫 번째, 두 번째, 세 번째 항목을 선택한 후 〔애니메이션〕 탭에서 효과 설정(왼쪽으로)을 선택해요. 그런 다음 첫 번째, 두 번째, 세 번째 항목에 타이밍을 지정하기 위해 첫 번째, 두 번째, 세 번째 항목의 바로 가기 메뉴에서 〔타이밍〕을 클릭해요.

09 〔애니메이션〕 대화상자의 〔타이밍〕 탭이 나타나면 시작(이전 효과와 함께)과 재생 시간(느리게)을 선택한 후 〔확인〕 단추를 클릭해요.

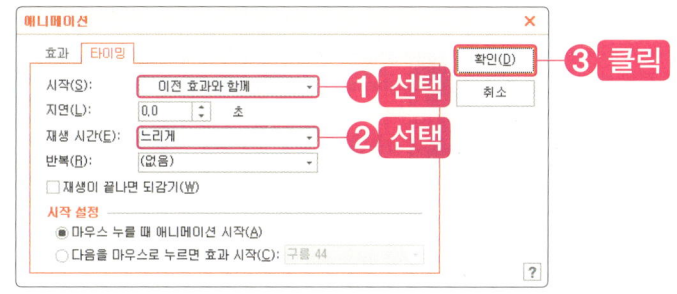

10 첫 번째, 두 번째, 세 번째 항목에 타이밍이 지정돼요.

 ## 애니메이션 추가하기

01 첫 번째 연기에 애니메이션을 추가하기 위해 첫 번째 연기를 선택한 후 [애니메이션] 탭에서 [애니메이션 추가]를 클릭한 다음 [끝내기\날아가기]를 클릭해요.

02 첫 번째 연기에 애니메이션이 추가되면 [애니메이션] 작업 창에서 네 번째 항목을 선택한 후 [애니메이션] 탭에서 효과 설정(위로)을 선택해요. 그런 다음 네 번째 항목에 타이밍을 지정하기 위해 네 번째 항목의 바로 가기 메뉴에서 [타이밍]을 클릭해요.

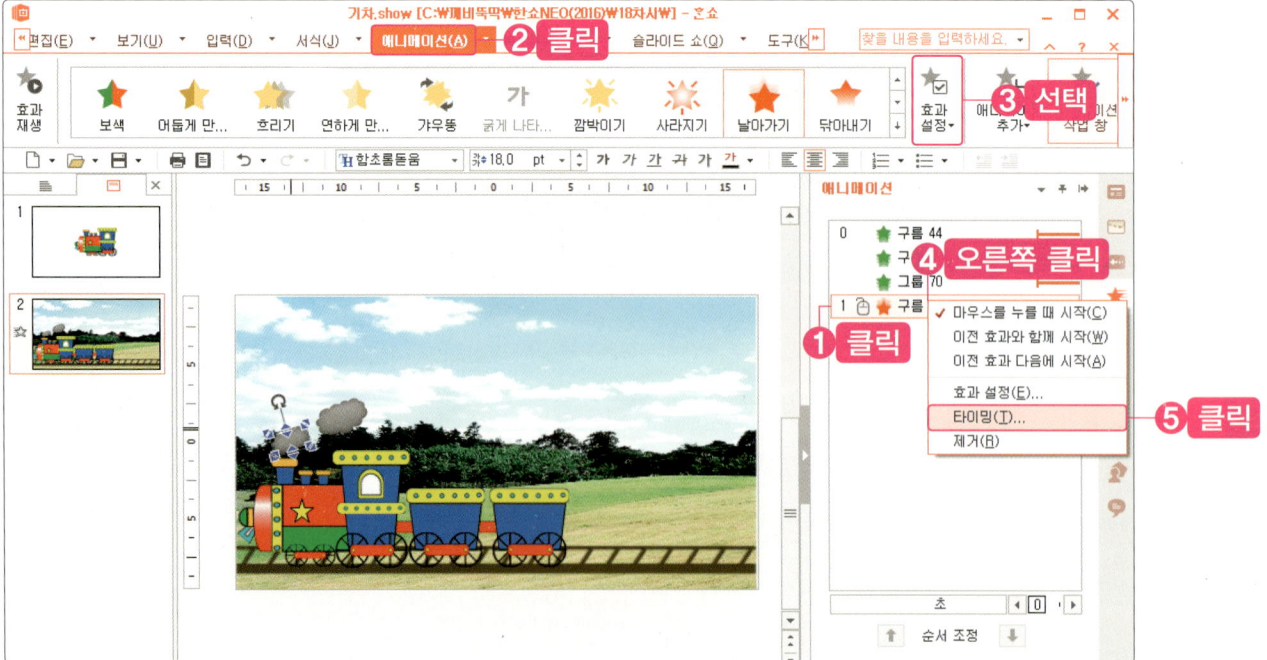

03 〔애니메이션〕 대화상자의 〔타이밍〕 탭이 나타나면 시작(이전 효과 다음에), 재생 시간(느리게), 반복(슬라이드가 끝날 때까지)을 선택한 후 〔확인〕 단추를 클릭해요.

04 두 번째 연기에 애니메이션을 추가하기 위해 두 번째 연기를 선택한 후 〔애니메이션〕 탭에서 〔애니메이션 추가〕를 클릭한 다음 〔끝내기\날아가기〕를 클릭해요.

05 두 번째 연기에 애니메이션이 추가되면 〔애니메이션〕 작업 창에서 다섯 번째 항목을 선택한 후 〔애니메이션〕 탭에서 효과 설정(위로)을 선택해요. 그런 다음 다섯 번째 항목에 타이밍을 지정하기 위해 다섯 번째 항목의 바로 가기 메뉴에서 〔타이밍〕을 클릭해요.

Lesson 18 • 기차가 칙칙폭폭 달려요. 125

06 〔애니메이션〕 대화상자의 〔타이밍〕 탭이 나타나면 시작(이전 효과와 함께)과 재생 시간(느리게)을 선택한 후 〔확인〕 단추를 클릭해요.

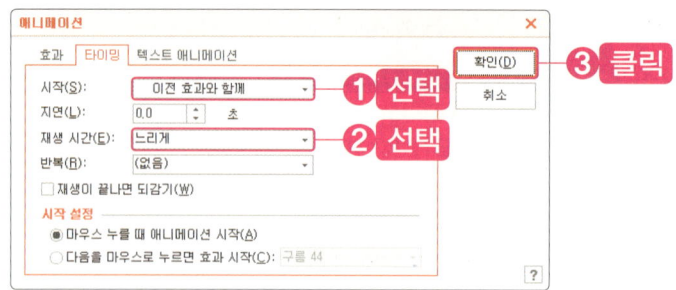

07 다섯 번째 항목에 타이밍이 지정돼요.

슬라이드 쇼에서 애니메이션 확인하기
〔슬라이드〕 탭에서 2번 슬라이드를 선택한 후 〔슬라이드 쇼〕 탭에서 〔현재 슬라이드부터〕를 클릭하여 2번 슬라이드부터 슬라이드 쇼를 시작하면 다음과 같이 기차와 연기에 지정된 애니메이션이 실행된 후 첫 번째 연기와 두 번째 연기에 추가된 애니메이션이 함께 실행되는 것과 첫 번째 연기에 추가된 애니메이션이 슬라이드 쇼가 끝날 때까지 반복하여 실행되는 것을 확인할 수 있어요.

1 다음과 같이 '비행기.show' 파일을 연 후 비행기 조각을 조합하여 비행기를 만들어 보세요.

- 예제 파일 : 18차시\비행기.show
- 완성 파일 : 18차시\비행기_완성.show
- 비행기 조각을 조합하여 비행기를 만든 후 비행기를 그룹화

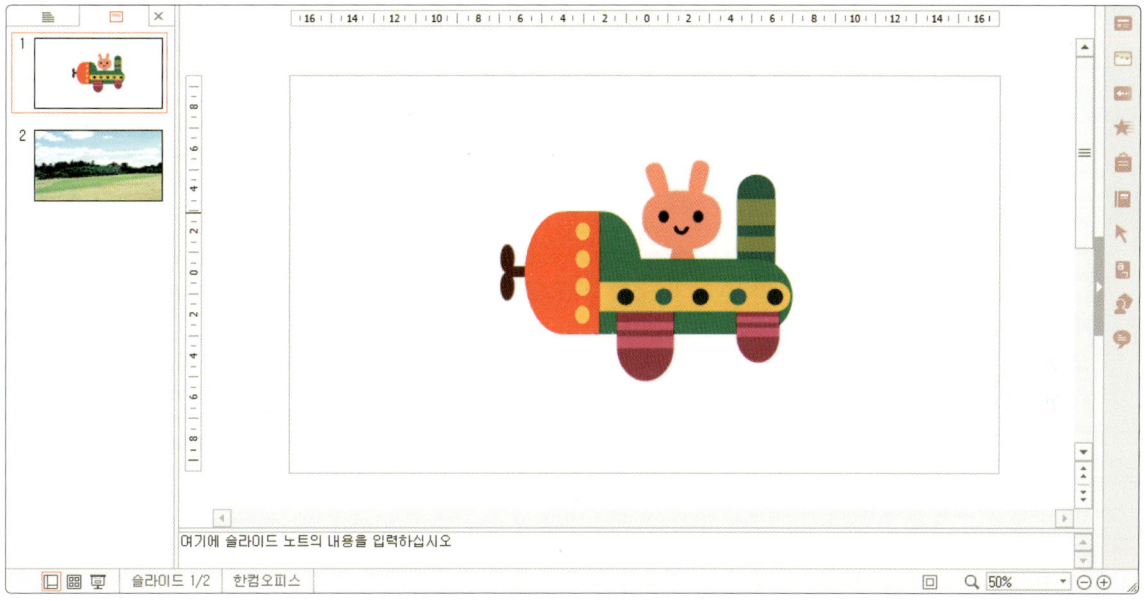

2 다음과 같이 비행기에 애니메이션을 지정한 후 애니메이션을 추가해 보세요.

- 1번 슬라이드의 비행기를 복사하여 2번 슬라이드에 붙여 넣은 후 크기와 위치(슬라이드 밖의 오른쪽 아래)를 조절
- 비행기가 나는 것처럼 비행기에 애니메이션을 지정한 후 애니메이션을 추가
  - 애니메이션 : 효과(이동 경로\자유곡선), 타이밍(시작(이전 효과와 함께), 재생 시간(매우 느리게))
  - 애니메이션 추가 : 효과(강조\회전), 타이밍(시작(이전 효과와 함께), 지연(1), 재생 시간(중간))

Lesson 18 • 기차가 칙칙폭폭 달려요.

Lesson 19

배울 수 있어요!
◆ 피에로와 공에 애니메이션을 지정할 수 있어요.
◆ 프레젠테이션 동영상을 만들 수 있어요.

피에로가 공을 돌려요.

슬라이드 쇼의 전 과정을 프레젠테이션 동영상으로 만들 수 있는데요. 프레젠테이션 동영상을 만들면 한쇼가 설치되어 있지 않은 장소에서도 프레젠테이션 동영상을 재생할 수 있답니다. 그럼, 이번 시간에는 피에로와 공에 애니메이션을 지정하는 방법과 프레젠테이션 동영상을 만드는 방법에 대해 알아볼게요.

예제 파일 : 19차시\피에로.show   완성 파일 : 19차시\피에로_완성.show

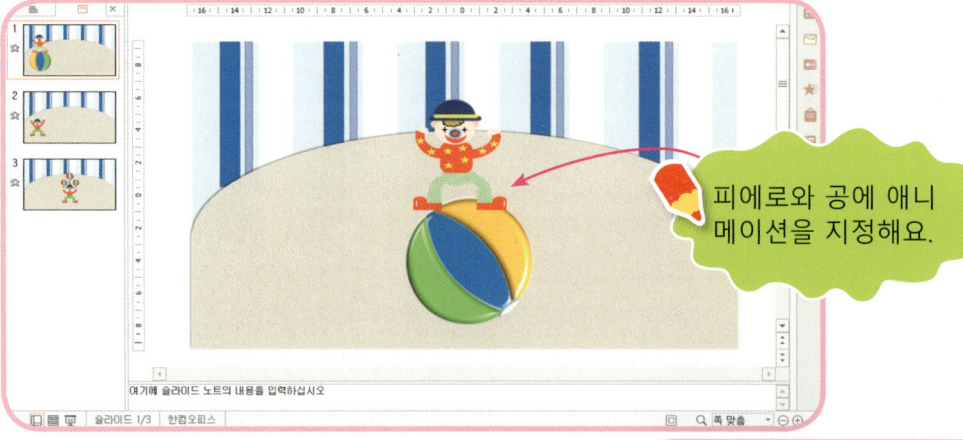

피에로와 공에 애니메이션을 지정해요.

프레젠테이션 동영상을 만들어요.

 **피에로와 공에 애니메이션 지정하기**

01 '피에로.show' 파일을 연 후 피에로와 공에 애니메이션을 지정하기 위해 피에로와 공을 드래그하여 선택한 다음 [애니메이션] 탭에서 [애니메이션]의 [자세히(▼)] 단추를 클릭해요.

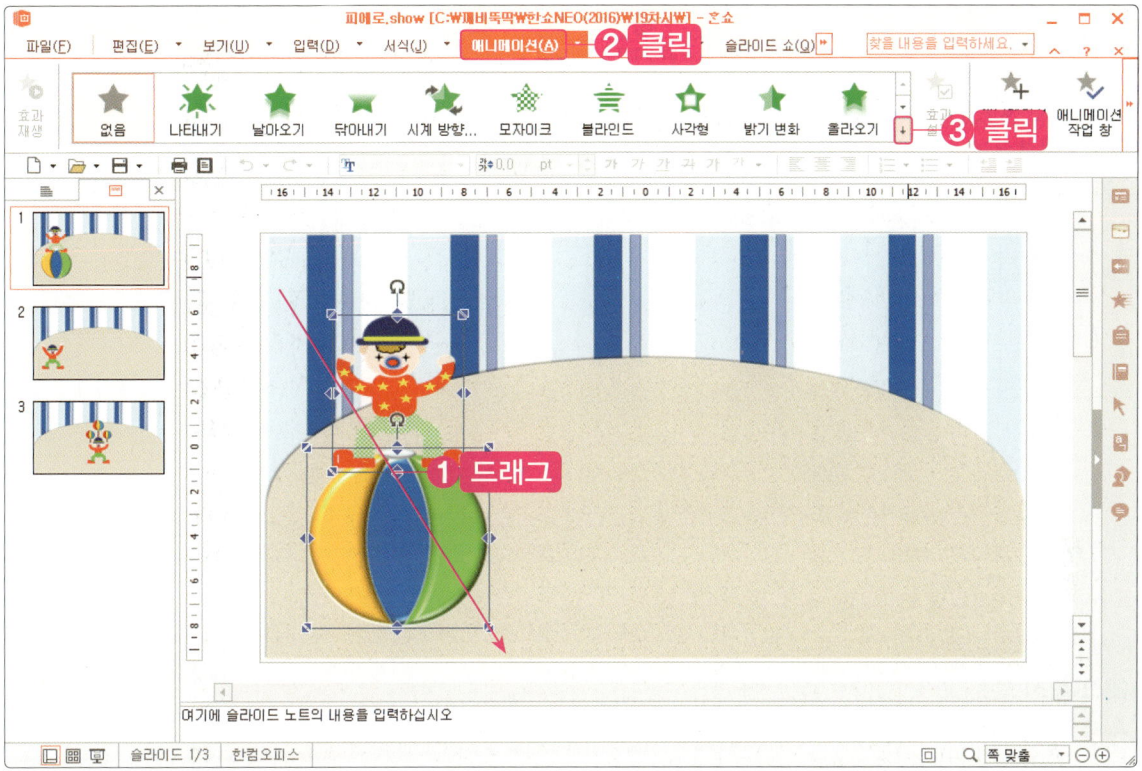

02 애니메이션 목록이 나타나면 [나타내기\날아오기]를 클릭해요.

Lesson 19 • 피에로가 공을 돌려요. 129

03 피에로와 공에 애니메이션이 지정되면 [애니메이션] 작업 창에서 첫 번째와 두 번째 항목을 선택한 후 [애니메이션] 탭에서 효과 설정(왼쪽으로)을 선택해요. 그런 다음 첫 번째와 두 번째 항목에 타이밍을 지정하기 위해 첫 번째와 두 번째 항목의 바로 가기 메뉴에서 [타이밍]을 클릭해요.

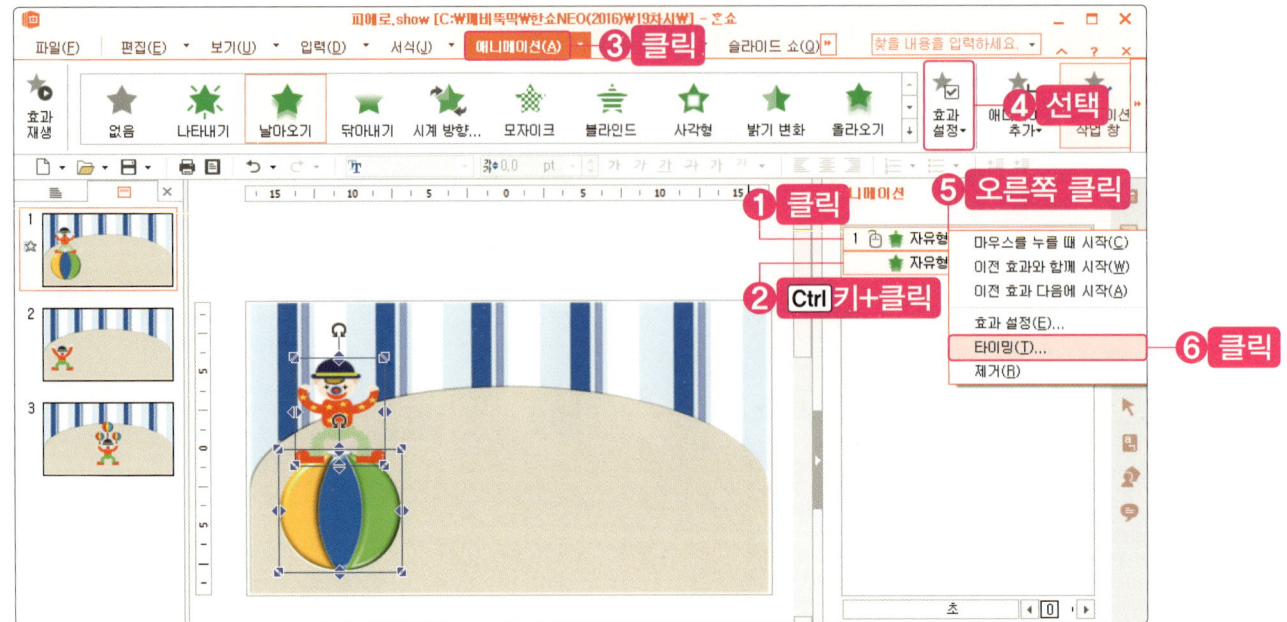

04 [애니메이션] 대화상자의 [타이밍] 탭이 나타나면 시작(이전 효과와 함께)과 재생 시간(느리게)을 선택한 후 [확인] 단추를 클릭해요.

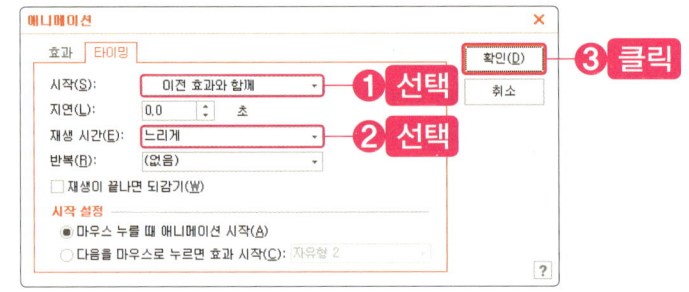

05 공에 애니메이션을 추가하기 위해 공을 선택한 후 [애니메이션] 탭에서 [애니메이션 추가]를 클릭한 다음 [강조\회전]을 클릭해요.

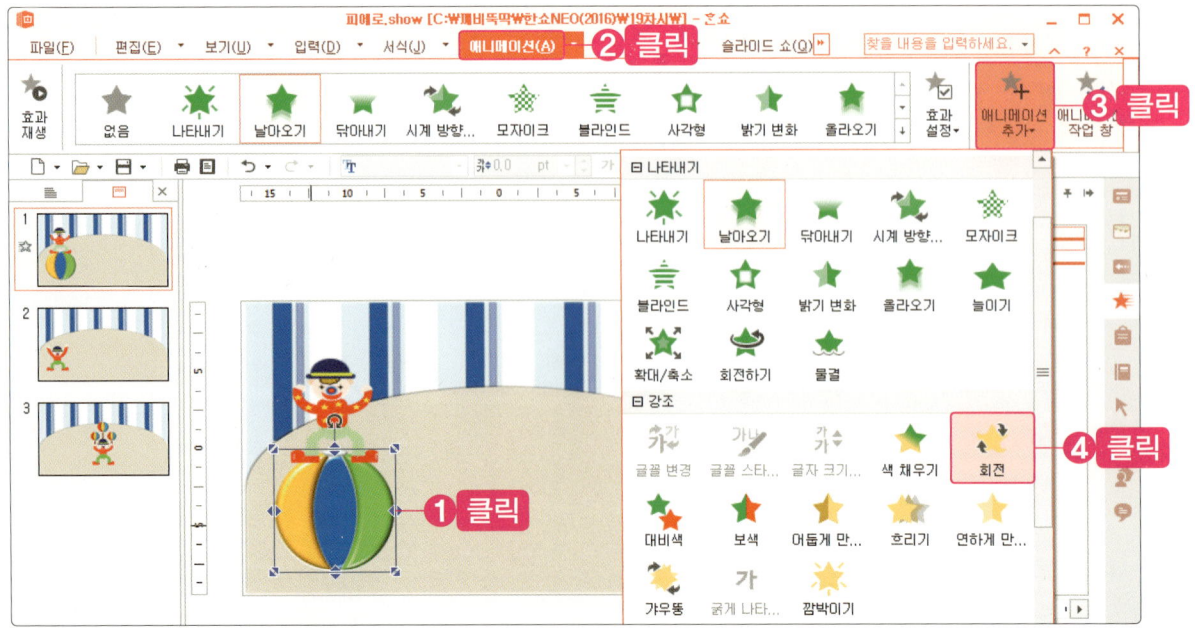

06 공에 애니메이션이 추가되면 〔애니메이션〕 작업 창에서 세 번째 항목에 타이밍을 지정하기 위해 세 번째 항목을 선택한 후 바로 가기 메뉴에서 〔타이밍〕을 클릭해요.

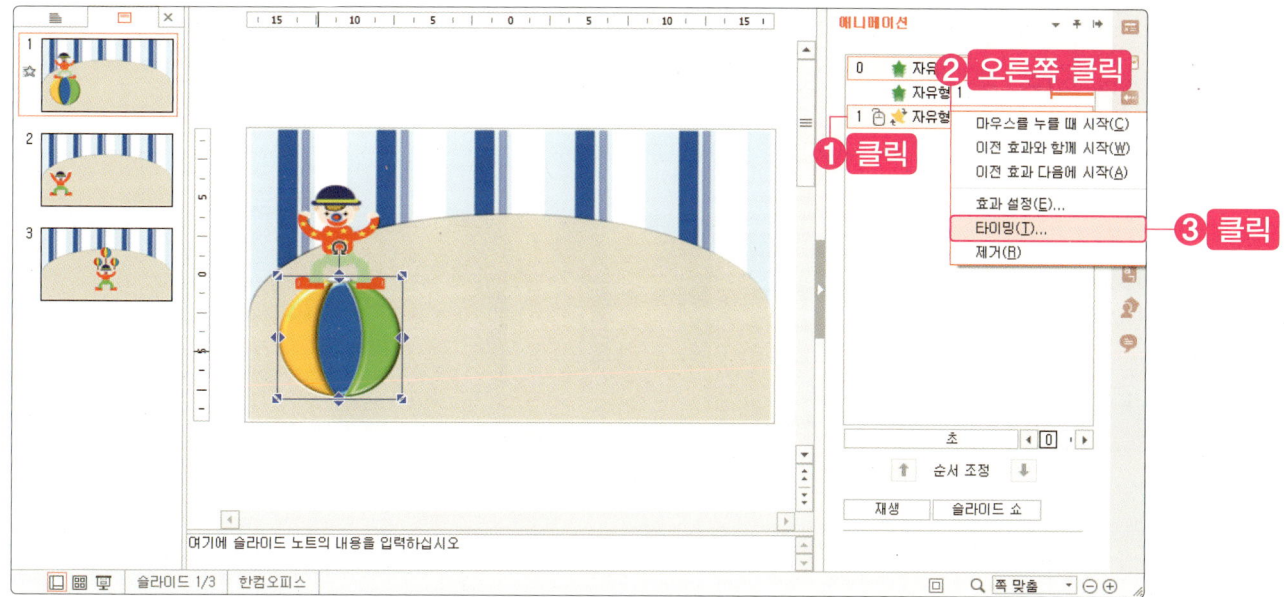

07 〔애니메이션〕 대화상자의 〔타이밍〕 탭이 나타나면 시작(이전 효과와 함께), 재생 시간(매우 느리게), 반복(슬라이드가 끝날 때까지)을 선택한 후 〔확인〕 단추를 클릭해요.

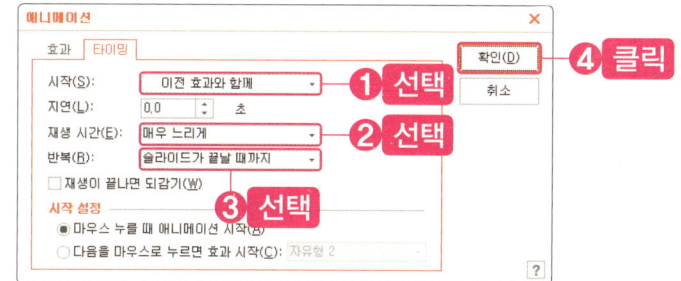

08 세 번째 항목에 타이밍이 지정되면 1번 슬라이드 번호 아래에 표시된 〔효과(☆)〕 아이콘을 클릭하여 지정된 애니메이션을 확인해요.

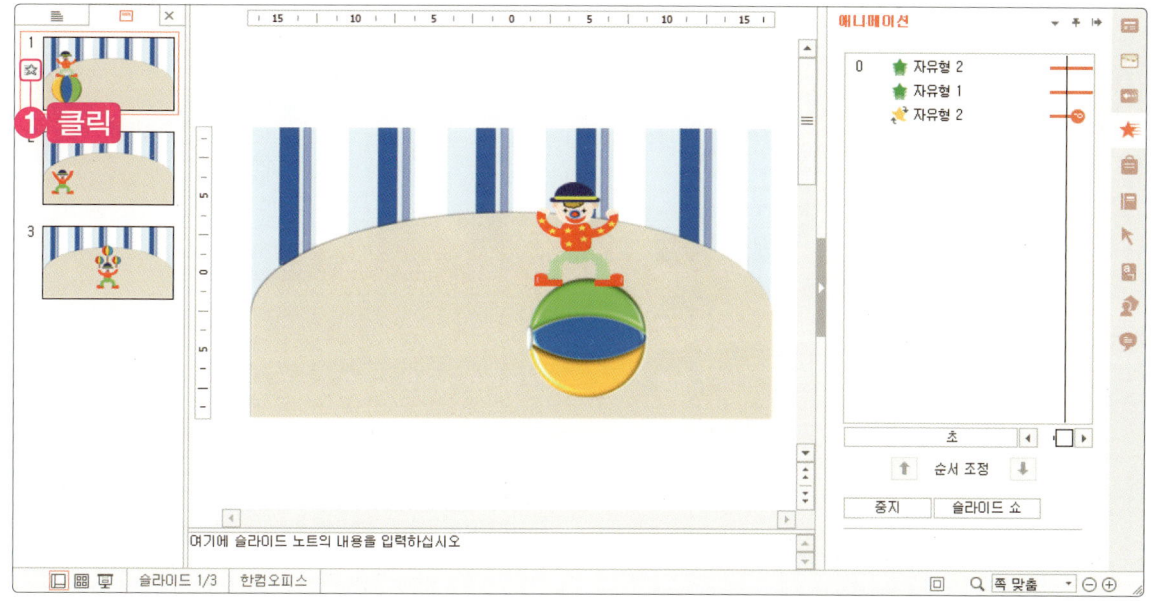

09 다음과 같이 〔슬라이드〕 탭에서 2번 슬라이드를 선택한 후 피에로에 애니메이션을 지정한 다음 애니메이션을 추가해요. 그런 다음 2번 슬라이드 번호 아래에 표시된 〔효과(☆)〕 아이콘을 클릭하여 지정된 애니메이션을 확인해요.

- 애니메이션 : 효과(이동 경로\자유곡선), 타이밍(시작(이전 효과와 함께), 재생 시간(중간))
- 애니메이션 추가 : 효과(강조\회전), 타이밍(시작(이전 효과와 함께), 재생 시간(중간))

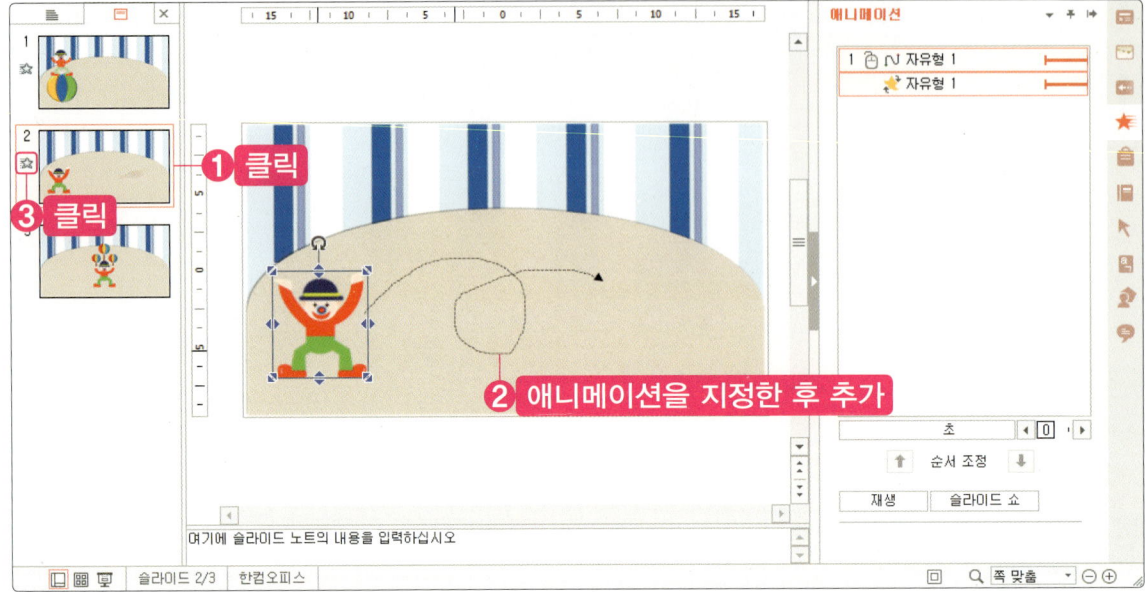

10 다음과 같이 〔슬라이드〕 탭에서 3번 슬라이드를 선택한 후 3개의 공에 애니메이션을 지정한 다음 애니메이션을 추가해요. 그런 다음 3번 슬라이드 번호 아래에 표시된 〔효과(☆)〕 아이콘을 클릭하여 지정된 애니메이션을 확인해요.

- 애니메이션 : 효과(나타내기\날아오기), 효과 설정(아래로), 타이밍(시작(이전 효과와 함께), 재생 시간(매우 빠르게))
- 애니메이션 추가 : 효과(강조\회전), 타이밍(시작(이전 효과와 함께), 재생 시간(중간), 반복(슬라이드가 끝날 때까지))

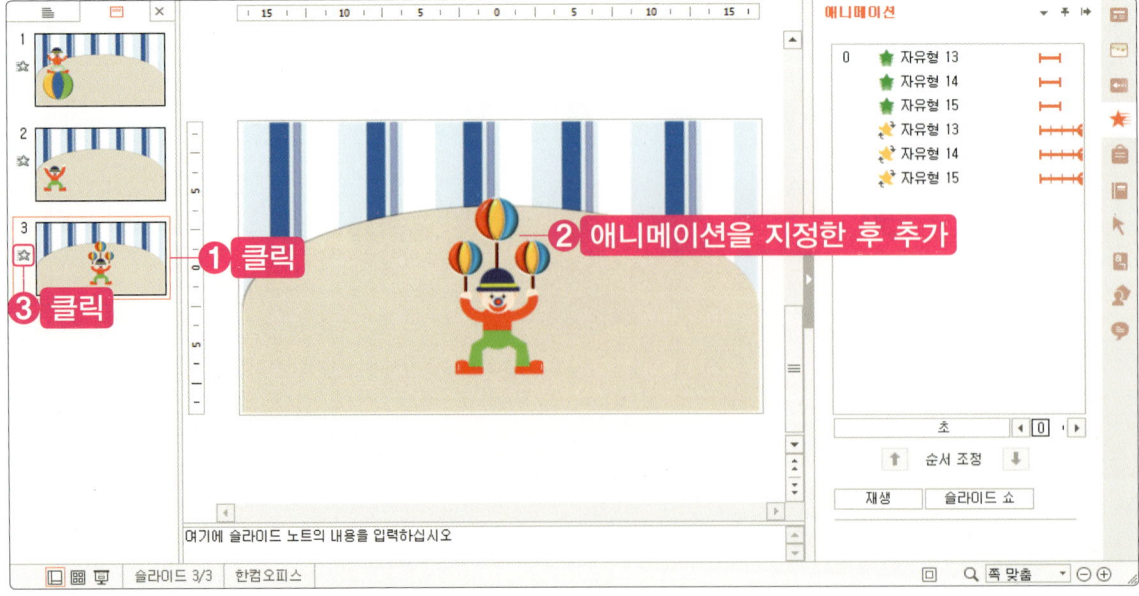

2 프레젠테이션 동영상 만들기

01 프레젠테이션 동영상을 만들기 위해 [파일] 탭에서 [보내기]-[프레젠테이션 동영상 만들기]를 클릭해요.

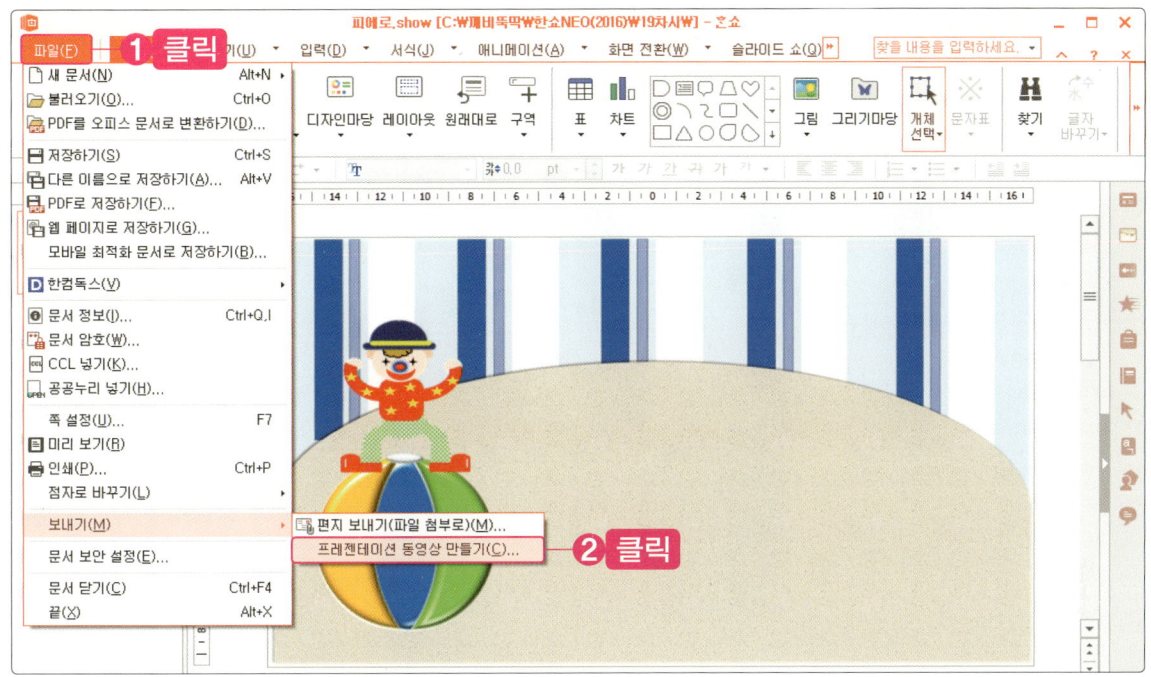

02 [프레젠테이션 동영상 만들기] 대화상자가 나타나면 각 슬라이드 실행 기본 시간(5)을 입력한 후 품질 설정(1280 × 720)을 선택한 다음 [만들기] 단추를 클릭해요.

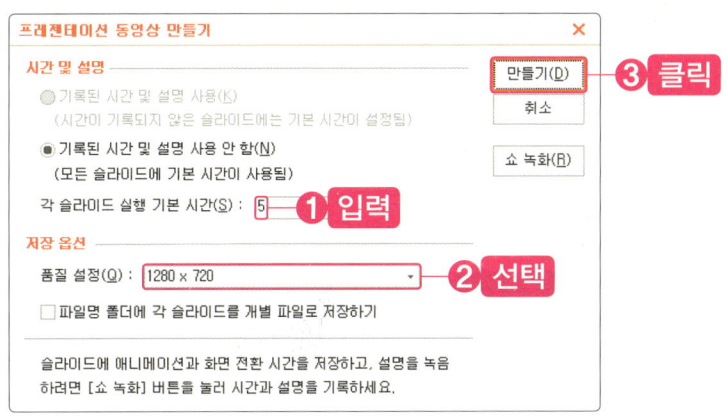

03 [동영상 만들기] 대화상자가 나타나면 저장 위치(내 PC\동영상)를 선택한 후 파일 이름(피에로)을 입력한 다음 [저장] 단추를 클릭해요.

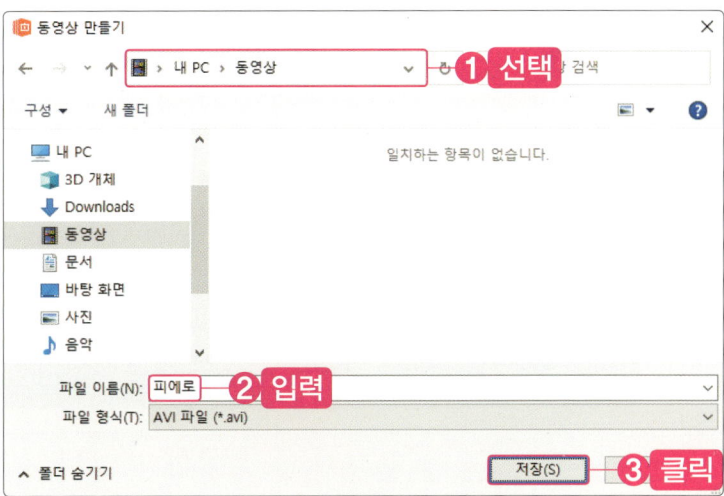

Lesson 19 • 피에로가 공을 돌려요. 133

04 〔한쇼 동영상 만들기〕 대화상자가 나타나면 〔확인〕 단추를 클릭해요.

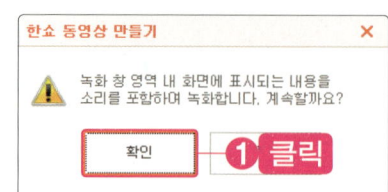

05 프레젠테이션 동영상을 만든 후 '녹화를 완료했습니다.'라는 메시지가 나타나면 〔확인〕 단추를 클릭해요.

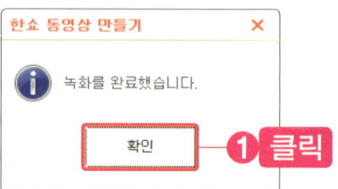

06 프레젠테이션 동영상 만들기가 완료돼요.

프레젠테이션 동영상 실행하기
프레젠테이션 동영상은 영화 및 TV나 Windows Media Player 등에서 실행할 수 있는데요. 다음은 영화 및 TV에서 실행한 경우예요.

1 다음과 같이 '핸드폰 대화.show' 파일을 연 후 메시지와 이모티콘에 애니메이션을 지정해 보세요.

- 예제 파일 : 19차시\핸드폰 대화.show
- 완성 파일 : 19차시\핸드폰 대화_완성.show
- 실시간으로 대화하는 것처럼 메시지와 이모티콘에 애니메이션을 지정
  - 애니메이션 : 효과(나타내기\나타내기), 타이밍(시작(이전 효과 다음에), 지연(2))

2 다음과 같이 프레젠테이션 동영상을 만들어 보세요.

- 프레젠테이션 동영상 : 각 슬라이드 실행 기본 시간(5), 품질 설정(551 × 980), 저장 위치(내 PC\동영상), 파일 이름(핸드폰 대화)

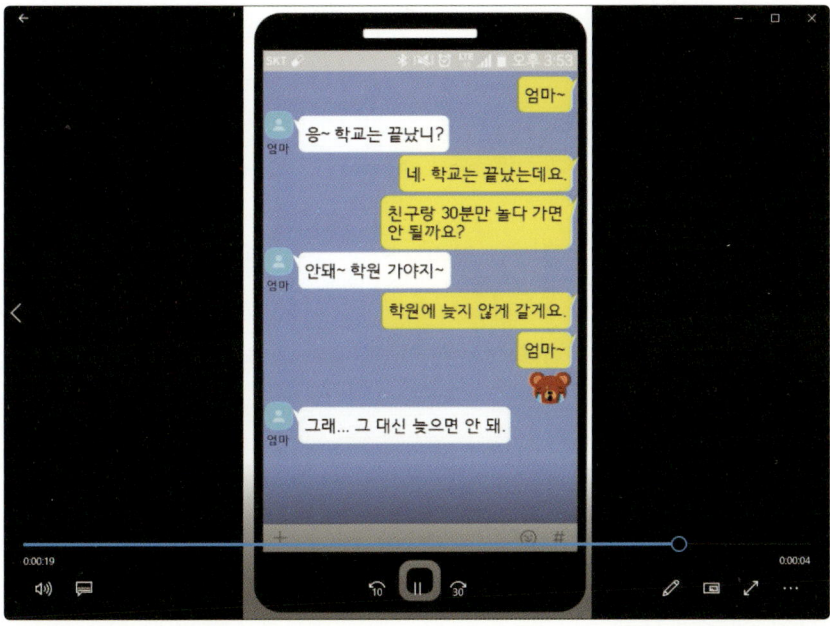

Lesson 19 • 피에로가 공을 돌려요. 135

Lesson 20 배운 것을 정리해요.

다음 문제를 풀어 보세요.

1. 다음 중 프레젠테이션을 만들 수 있는 프로그램은 어느 것인지 골라 보세요.

   ① 한글   ② 한쇼   ③ 한셀   ④ 한컴 타자연습

2. 다음 중 슬라이드 쇼를 시작하는 방법에 대한 설명으로 옳지 않은 것은 어느 것인지 골라 보세요.

   ① [슬라이드 쇼] 탭에서 [처음부터]를 클릭하면 1번 슬라이드부터 슬라이드 쇼를 시작해요.
   ② F5 키를 누르면 1번 슬라이드부터 슬라이드 쇼를 시작해요.
   ③ [슬라이드] 탭에서 2번 슬라이드를 선택한 후 [슬라이드 쇼] 탭에서 [현재 슬라이드부터]를 클릭하면 2번 슬라이드부터 슬라이드 쇼를 시작해요.
   ④ [슬라이드] 탭에서 2번 슬라이드를 선택한 후 Alt 키+F5 키를 누르면 2번 슬라이드부터 슬라이드 쇼를 시작해요.

3. 다음 중 글자를 굵게 표시할 수 있는 아이콘은 어느 것인지 골라 보세요.

   ① 가   ② **가**   ③ 가   ④ 가

4. 다음 중 어떤 키를 누른 상태에서 드래그하여 직사각형 도형이나 타원 도형을 삽입하면 정사각형 도형이나 정원(완전히 동그란 원) 도형이 삽입되는지 골라 보세요.

   ① Ctrl   ② Alt   ③ Shift   ④ Tab

5. 한 슬라이드에서 다른 슬라이드로 이동할 때 다른 슬라이드가 나타나는 방식을 무엇이라고 하는지 적어 보세요.

   (   )

※ 정답은 PDF(정답.pdf)로 제공해요.

다음과 같이 '고깔모자.show' 파일을 연 후 도형을 사용하여 고깔모자를 만들어 보세요.

- 예제 파일 : 20차시\고깔모자.show
- 완성 파일 : 20차시\고깔모자_완성.show
- 도형을 사용하여 고깔모자를 만듦
  · 지정하고 싶은 채우기 색을 지정

도안에 맞추어 도형을 삽입하면 쉽고 빠르게 고깔모자를 만들 수 있어요.

다음과 같이 '곰돌이 스티커.show' 파일을 연 후 도형과 그림을 사용하여 곰돌이 스티커를 만들어 보세요.

- 예제 파일 : 20차시\곰돌이 스티커.show
- 완성 파일 : 20차시\곰돌이 스티커_완성.show
- 슬라이드에 있는 도형과 그림을 사용하여 곰돌이 스티커를 만듦

Lesson 20 • 배운 것을 정리해요.

Lesson 21 종합정리 I
효도쿠폰을 만들어요.

> 다음과 같이 '효도쿠폰.show' 파일을 연 후 도형, 워드숍, 가로 글상자를 사용하여 효도쿠폰 틀을 만들어 보세요.

- 예제 파일 : 21차시-종합정리\효도쿠폰.show
- 완성 파일 : 21차시-종합정리\효도쿠폰_완성.show
- 도형을 사용하여 효도쿠폰(♥효도쿠폰♥)을 만듦
  - 도형 : 도형 모양(모서리가 둥근 직사각형(▢)), 선 색(선 없음), 채우기 색(주황 10% 어둡게)
  - 도형 텍스트 : 글꼴(맑은 고딕), 글자 크기(17)
- 워드숍을 사용하여 효도내용(10분안마쿠폰)을 만듦
  - 워드숍 : 워드숍 모양(채우기 - 강조 1(그러데이션), 윤곽 - 밝은 색 1(가))
  - 워드숍 텍스트(10분안마) : 글꼴(휴먼매직체), 글자 크기(48), 진하게(가)
  - 워드숍 텍스트(쿠폰) : 글꼴(휴먼매직체), 글자 크기(30), 글자 색(검정), 진하게(가)
- 가로 글상자를 사용하여 주의사항(**주의사항 :**)을 만듦
  - 가로 글상자 : 글꼴(맑은 고딕), 글자 크기(12), 진하게(가)

다음과 같이 효도쿠폰을 만들어 보세요.

- **예제 파일** : '21차시-종합정리\꾸미기' 폴더에 있는 그림
- **완성 파일** : 21차시-종합정리\효도쿠폰_완성.show
- 1번 슬라이드를 복제하여 2번, 3번 슬라이드를 추가
- 효도내용을 수정한 후 주의사항을 입력한 다음 그림을 삽입하여 효도쿠폰을 만듦

〔1번 슬라이드〕

〔2번 슬라이드〕

〔3번 슬라이드〕

Lesson 21 • 효도쿠폰을 만들어요. 139

Lesson 22

종합정리 2
상품을 진열대에 진열해요.

오늘은 마트에서 아르바이트하는 날이에요. 다음과 같이 '마트.show' 파일을 연 후 상품을 진열대에 진열해 보세요.

- 예제 파일 : 22차시-종합정리\마트.show
- 완성 파일 : 22차시-종합정리\마트_완성.show
- 슬라이드 밖에 있는 상품을 복사하여 진열대에 진열

〔1번 슬라이드〕

〔2번 슬라이드〕

〔3번 슬라이드〕

〔4번 슬라이드〕

〔5번 슬라이드〕

Lesson 22 • 상품을 진열대에 진열해요. 141

Lesson 23 종합정리 3
애니메이션을 지정해요.

> 다음과 같이 '빗방울과 물결.show' 파일을 연 후 빗방울과 물결에 애니메이션을 지정해 보세요.

- 예제 파일 : 23차시-종합정리\빗방울과 물결.show
- 완성 파일 : 23차시-종합정리\빗방울과 물결_완성.show
- 비가 내리는 것처럼 빗방울에 애니메이션을 지정
  - 애니메이션 : 효과(끝내기\내려오기), 타이밍(시작(이전 효과와 함께), 재생 시간(빠르게), 반복(슬라이드가 끝날 때까지)
  - 빗방울마다 지연을 다르게(0, 0.5, 1 중에서 하나를 선택) 지정
- 물결이 이는 것처럼 물결에 애니메이션을 지정
  - 애니메이션 : 효과(나타내기\확대/축소), 타이밍(시작(이전 효과와 함께), 재생 시간(빠르게), 반복(슬라이드가 끝날 때까지)
  - 물결마다 지연을 다르게(0, 0.5, 1 중에서 하나를 선택) 지정

다음과 같이 '해와 새와 비행기.show' 파일을 연 후 해, 새, 비행기에 애니메이션을 지정해 보세요.

- **예제 파일** : 23차시-종합정리\해와 새와 비행기.show
- **완성 파일** : 23차시-종합정리\해와 새와 비행기_완성.show
- 해가 이글거리는 것처럼 해에 애니메이션을 지정
  - **애니메이션** : 효과(강조\어둡게 만들기), 타이밍(시작(이전 효과와 함께), 재생 시간(중간), 반복(슬라이드가 끝날 때까지))
- 새가 나는 것처럼 새에 애니메이션을 지정
  - **애니메이션** : 효과(이동 경로\자유곡선), 타이밍(시작(이전 효과와 함께), 재생 시간(느리게))
- 비행기가 나는 것처럼 비행기에 애니메이션을 지정
  - **애니메이션** : 효과(이동 경로\자유곡선), 타이밍(시작(이전 효과와 함께), 재생 시간(매우 느리게))

Lesson 24

종합정리 4
프레젠테이션 동영상을 만들어요.

다음과 같이 '명언.show' 파일을 연 후 글자 속성과 배경 속성을 지정한 다음 화면 전환 효과를 지정하고 프레젠테이션 동영상을 만들어 보세요.

- 예제 파일 : 24차시-종합정리\명언.show
- 완성 파일 : 24차시-종합정리\명언_완성.show
- 글자 속성을 지정한 후 배경 속성을 지정
  - 2번 슬라이드 : 글자 속성(채우기 종류(단색), 투명도(40%)), 배경 속성(채우기 종류(질감/그림), 투명도(40%))
  - 3번 슬라이드 : 글자 속성(채우기 종류(단색), 투명도(70%)), 배경 속성(채우기 종류(질감/그림), 투명도(70%))
  - 4번 슬라이드 : 글자 속성(채우기 종류(단색), 투명도(90%)), 배경 속성(채우기 종류(질감/그림), 투명도(90%))
  - 6번 슬라이드 : 글자 속성(채우기 종류(단색), 투명도(90%)), 배경 속성(채우기 종류(질감/그림), 투명도(90%))
  - 7번 슬라이드 : 글자 속성(채우기 종류(단색), 투명도(70%)), 배경 속성(채우기 종류(질감/그림), 투명도(70%))
  - 8번 슬라이드 : 글자 속성(채우기 종류(단색), 투명도(40%)), 배경 속성(채우기 종류(질감/그림), 투명도(40%))
- 화면 전환 효과 : 효과(2D효과\흐려졌다 나타내기( )), 속도(1), 다음 시간 후 자동 전환(1), 모두 적용
- 프레젠테이션 동영상 : 각 슬라이드 실행 기본 시간(5), 품질 설정(1024 × 709), 저장 위치(내 PC\동영상), 파일 이름(명언)

가로 글상자를 선택한 후 [도형(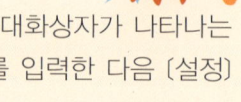)] 정황 탭에서 [글자 속성]을 클릭하면 [글자 속성] 대화상자가 나타나는데요. [글자 속성] 대화상자의 [채우기] 탭에서 채우기 종류(단색)를 선택한 후 투명도를 입력한 다음 [설정] 단추를 클릭하면 글자의 투명도를 지정할 수 있어요.